Heike Hoch und Lola Maria Amekor

„Wenn Du den Raum betrittst,
geht die Sonne auf!"
Wertschätzende Kommunikation für den Alltag

W0094931

Zu diesem Buch:

Kommunikation ist kein Zufall!
Kritik, Fehlersuche, Gemecker und Beschwerden erhalten sehr viel Raum. Sie prägen unsere Gespräche, unsere Begegnungen. Dieses Buch möchte eine Idee davon geben, wie leicht und zielführend Kommunikation und Zusammenarbeit sein kann, wenn Wertschätzung und Anerkennung die Grundlage sind.

Oft geraten wir in emotionale Verstrickungen und reagieren nur auf das, was uns begegnet, anstatt aktiv Einfluss zu nehmen auf das Geschehen. Dabei können wir die Bedingungen für eine gelingende Kommunikation gestalten. In diesem Buch beschreiben Heike Hoch und Lola Maria Amekor Wirkungsweisen der Kommunikation. Die praxisnahe Vermittlung von zehn Werkzeugen zeigt Wege zur Veränderung.
    Sie zeigen, wie eine wohlwollende Atmosphäre bewusst und authentisch erzeugt werden kann. Gelingt dies, dann geht die Sonne auf.

Zu den Autorinnen: siehe Seite 190

www.wenn-du-den-raum-betrittst.de

„WENN DU DEN RAUM BETRITTST, GEHT DIE SONNE AUF!"

WERTSCHÄTZENDE KOMMUNIKATION FÜR DEN ALLTAG

Heike Hoch und Lola Maria Amekor

Bibliografische Information der Deutschen Bibliothek

Die Deutsche Bibliothek verzeichnet diese Publikation in *Der Deutschen Nationalbibliografie*; detaillierte bibliografische Daten sind im Internet über *www.d-nb.de* abrufbar.

ISBN 978 - 3 - 00 - 0430774 - 8   3. Auflage 2016

© 2013 Heike Hoch und Lola Maria Amekor

Zeichnungen: © Stephan Hoffmann
Layout, Satz und Foto: Nikolaus Hoffmann
Printed in Germany

Der kommunikative Alltag

Durch die Art und Weise, wie wir Kommunikation verstehen und vermitteln, unterstützen wir seit vielen Jahren Menschen in Seminaren, bei Vorträgen und in Einzelcoachings dabei, die Qualität in ihren Beziehungen deutlich zu verbessern. Weil die Teilnehmenden Wirkungsweisen der Kommunikation verstehen lernen, können sie nicht nur das Miteinander mit Menschen einfacher gestalten, sondern auch mehr Lebensfreude und Leichtigkeit gewinnen.

Die Idee zu diesem Buch entstand daraus, dass uns häufig Teilnehmende aus unseren Seminaren nach Literatur zum Thema fragten und wir den Eindruck gewannen, dass solch ein Buch gebraucht werde. Wir sind überzeugt davon, dass die Begegnung mit Menschen leichter, energievoller und ergebnisreicher sein kann, wenn man ein tiefes Verständnis von Kommunikation hat und leicht anwendbare Werkzeuge zur Verfügung stehen.

Nach vielen Gesprächen und fachlichem Austausch fassten wir den Entschluss, dieses Buch gemeinsam auf die Welt zu bringen. Neben den fachlichen Interessen hatten wir auch persönliche Beweggründe, dieses Buch zu schreiben. Wir sind der tiefen Überzeugung, und es spiegelt sich täglich in unseren Erfahrungen wider, dass die Kunst der wertschätzenden Kommunikation unser Leben nicht nur bereichert, sondern auch unendlich viel leichter gemacht hat.

Heike Hoch:

„Meine erste Erfahrung mit der wertschätzenden Kommunikation machte ich in meinem ersten Ausbildungsseminar zum Coach. Für mich, ich war damals 40 Jahre alt, war es eine komplett neue Erfahrung und ich war sehr begeistert. Ich habe 30 Tage im Seminar erlebt, was passieren kann, wenn man sich in einer wertschätzenden Umgebung befindet.

Bis dahin hatte ich im Grunde immer das Gefühl, keine besonderen Talente zu haben, und für alles, was ich bis dahin ausprobiert hatte, nicht geeignet oder gut genug zu sein. In meiner Schulzeit haben sich – außer, dass ich damals sehr sportlich war – keine besonderen Fähigkeiten gezeigt. Nach der Schule hatte ich im Grunde keine Ahnung, was ich beruflich machen könnte, und bin mehr aus Verlegenheit und durch Unterstützung einer Freundin im Architekturstudium gelandet. Auch da zeigte ich mich nicht besonders talentiert, auch wenn ich zehn Jahre als Architektin gearbeitet habe.

Im Coaching-Seminar durfte ich die Erfahrung machen, dass man grundsätzlich alles wertschätzend betrachten kann, und dass man unter diesen Bedingungen plötzlich Talente bei sich entdecken kann. Durch den wertschätzenden Blick der Trainer und Teilnehmer können Dinge zum Vorschein kommen, von denen man vorher keine Ahnung hatte.

Für mich öffnete sich durch die wertschätzende Atmosphäre eine völlig neue Welt. Ich war sehr inspiriert von der wertschätzenden Kommunikation und wollte das auf jeden Fall vertiefen. Das erste Mal in meinem Leben hatte ich das Gefühl, dass ich etwas aus Leidenschaft und nicht aus Vernunft lernen wollte. Es war plötzlich nicht vorrangig wichtig, was ich gut konnte. Erst da ist mir klar geworden, wie eingeschränkt ich vieles wahrgenommen habe, dass ich mich im Grunde mein ganzes Leben lang als falsch, nicht fähig genug, von allem nicht genug seiend wahrgenommen habe. Ebenso wie die meisten Menschen war ich vor allem auf Fehlersuche – und habe viele auch bei mir gefunden. Das hat meine ganze Lebenseinstellung geprägt.

Ich war von dieser Erfahrung im Seminar so inspiriert, dass ich mich entschloss, die mehrjährige Coaching-Ausbildung zu machen. Ich wollte auf jeden Fall lernen, wie man wertschätzend kommuniziert und wie man dadurch andere unterstützen kann, ihre eigene Leidenschaft zu finden und zu leben.

Mein Leben hat sich sehr verändert. Ich bin heute mir und meinem Umfeld gegenüber viel wertschätzender. Dadurch habe ich weniger Konflikte, erlebe vieles als sehr positiv, finde die Menschen interessant und nicht anstrengend. Dies teile ich inzwischen mit meinen Kunden und freue mich, wenn ich anderen diesen Blick und die Werkzeuge vermitteln kann, damit sich auch deren Leben verbessert. Ich bin sehr dankbar, dass ich mit dieser Arbeit in Berührung gekommen bin."

Lola Maria Amekor:
„Im Jahr 2006 hatte meine persönliche und berufliche Krise ihren Höhepunkt erreicht. Ich traute mir nichts zu und wusste auch nicht, welchen Beitrag ich in der Welt leisten könnte. Zu dieser Zeit assistierte ich regelmäßig im damaligen Berliner Büro der Sage University. Ich war der Überzeugung, dass ich bei den meisten Projekten kein Gewinn sein konnte. Aber eines war mir plötzlich klar: Wenn ich auch weder mit organisatorischem noch mit verkäuferischem Können glänzen konnte, so konnte ich doch eines ganz offensichtlich:
Wenn ich den Raum betrete, geht die Sonne auf!

Aus der Not geboren, entdeckte ich damals recht schnell, dass die Werkzeuge, die ich als Coach erlernte, auch in der Kommunikation mit allen Menschen funktionierten. Ich trainierte mich täglich, meine Gedanken positiv auszurichten, meine Stimmungen immer wieder zum Positiven zu verändern und den Menschen gegenüber eine wertschätzende und akzeptierende Haltung einzunehmen.

Mein Leben hat sich dadurch komplett verändert. Stück für Stück konnte ich mehr Einfluss nehmen auf die Atmosphäre, die in Begegnungen entstand. Stück für Stück konnte ich auch die schwierigen Situationen meistern.

Durch dieses tägliche Training wurde mir immer deutlicher, wie viel Einfluss Kommunikation auf die Begegnungen mit Menschen hat, wie einfach es sein kann, Menschen zum Strahlen zu bringen, und wie effektiv und wirkungsvoll die Werkzeuge der wertschätzenden Kommunikation sind."

Dieses Buch entstand in unzähligen Gesprächen und Telefonaten, die wir zu diesem Thema führten. Dabei entwickelten wir Gedankengänge, fügten unser beider Erkenntnisse zusammen und fanden – so hoffen wir – verständliche Worte. Das hat uns beide in dieser Zeit zu einem noch tieferen Verständnis gebracht und wir wünschen Ihnen, liebe Leser, den Mut und die Disziplin umzusetzen, was Ihnen gefällt und zu Gestaltern der menschlichen Begegnung zu werden.

Früher fühlten wir uns oft als Opfer der Umstände. Heute erleben wir uns viel stärker als gestaltend in der Begegnung mit Menschen und dafür sind wir sehr dankbar! Das Training hört nie auf. Doch es hat sich gelohnt loszugehen.

Wenn wir das können, können Sie das auch!

Lola Maria Amekor und Heike Hoch

Wir alle wünschen uns Lebendigkeit in unserem Leben. Lebendigkeit entsteht aus der Qualität unserer Beziehungen. Der Neurobiologe Gerald Hüther beschreibt es in seinem Buch »Was wir sind und was wir sein könnten« folgendermaßen:

„Glücklich sind Menschen immer dann, wenn sie die Gelegenheit bekommen, ihre beiden Grundbedürfnisse nach Verbundenheit und Nähe einerseits und nach Wachstum, Autonomie und Freiheit andererseits stillen zu können. Wenn sie also in der Gemeinschaft mit anderen über sich hinauswachsen können. Wer das erleben darf, ist glücklich." (*1)

Die größte Herausforderung ist es, Beziehungen zu leben, in denen sich auf Dauer alle respektiert und wertgeschätzt fühlen. Wenn Sie in der Lage sind, Menschen zum Strahlen zu bringen, die Energie und Vitalität im Kontakt mit Menschen deutlich anzuheben, werden Sie im Nu Menschen für sich gewinnen.

Wir persönlich machen täglich die Erfahrung, dass unser Leben leichter, angenehmer und lebendiger ist, je besser wir dafür sorgen, dass Menschen sich in unserer Gegenwart wertgeschätzt und anerkannt fühlen. Wir alle haben es nicht gelernt, so mit Menschen zu kommunizieren, dass wir Wohlbefinden erzeugen und Verbindung herstellen.

Die Kommunikationsmuster, die wir gelernt haben, erzeugen Kampf. Dieser Kampf besteht darin, recht haben zu wollen. Bei fast jedem Gespräch geht es darum, wer recht hat, oder wer etwas besser weiß. Das Ergebnis ist schlechte Stimmung, verlorene Schlachten, Verletzungen und Missverständnisse.

Doch Kommunikation passiert nicht einfach. Wir sind nicht Opfer von dem, was geschieht! Wir sind nicht gezwungen, einen Kampf zu kämpfen. Wir können in Begegnungen gestaltend sein und Einfluss nehmen.

Immer dann, wenn wir in der Kommunikation die Verantwortung übernehmen und gestaltend in Beziehung zu anderen Menschen treten, können wir dafür sorgen, dass Wohlbefinden, eine gute Stimmung und Verbindung entstehen. Dann werden Menschen gerne mit uns zusammen sein.

Um das zu erreichen, hilft es, die Entscheidung zu treffen, die Verantwortung zu übernehmen, das Bewusstsein und die Wahrnehmung zu schärfen und Spaß an guten Beziehungen zu haben.

Im Folgenden geben wir Ihnen einen tieferen Einblick in das Wesen der Kommunikation. Wir laden Sie ein, die menschliche Begegnung aus einer anderen Perspektive zu betrachten und neue Haltungen zu entwickeln. Mit einem klaren Verständnis darüber, wie Sie mit anderen Menschen in Kontakt treten, werden Sie Ihre Kommunikation befriedigender und erfolgreicher gestalten.

*„Lebendigkeit entspringt aus unseren
tiefsten Beziehungen zu anderen Menschen."
(Martin Sage, *2)*

DIE SCHICHTEN DER KOMMUNIKATION

Sobald wir in einer Begegnung mit einem lebendigen Wesen sind, „erzählen" wir etwas. Die meisten Menschen glauben, dass Kommunikation vor allem Worte sind. Nach Auffassung des Pantomimen und Hochschullehrers Samy Molcho (*3) umfasst der verbale Anteil unserer Kommunikation etwa 20 Prozent des gesamten Informationsgehalts einer persönlichen Aussage.

Das bedeutet, dass wir mit unserem ganzen Wesen kommunizieren. Alles was in uns vorgeht, ist nach außen sichtbar, spürbar und erlebbar und Teil unserer Kommunikation. Wir können nicht einfach sagen: „Naja, dann bin ich halt freundlich und denk mir meinen Teil." Das funktioniert nicht! Die Menschen, mit denen wir zu tun haben, werden auch spüren, was wir nicht sagen.

Sie erinnern sich sicher selbst an ein Dutzend Situationen, in denen irgend jemand freundlich war, auch die richtigen Worte benutzt hat, aber trotzdem in Ihnen ein ungutes Gefühl erzeugt hat.

Kommunikation hat mehrere Schichten. Die Worte sind das Offensichtlichste, sie bilden die Oberfläche in der Kommunikation. Als man anfing, Kommunikation zu untersuchen, stellte man fest, dass nicht nur Worte Einfluss auf die Kommunikation haben. Man fand also heraus, dass die Körpersprache, die Gestik und Mimik auch sehr stark beeinflussen, wie das Gesagte beim anderen ankommt. Also untersuchte man viele Jahre die Sprache des Körpers.

Die tiefste Schicht der Kommunikation ist Vibration und Schwingung. Es ist das, was wir auch die Ausstrahlung eines Menschen nennen. Im Folgenden werden wir die einzelnen Schichten der Kommunikation näher betrachten und untersuchen.

Worte – die äußere Schicht der Kommunikation

Worte sind also die offensichtlichste Schicht der Kommunikation. Und das, so glauben wir, ist das, was wir zuerst wahrnehmen. Worte sind Worte und ich kann sie so oder so aussprechen. Jeder von uns kennt das Beispiel: Sie betreten ein Geschäft und die vermeintlich freundliche Verkäuferin begrüßt uns mit den Worten „Guten Tag, was kann ich für Sie tun?" Dabei vermittelt sie uns das Gefühl, dass wir stören und sie keine Lust darauf hat, uns zu bedienen. Sie hat formell alles richtig gemacht, sie hat an der richtigen Stelle die richtigen Worte benutzt, aber wir fühlen uns nicht eingeladen, ihre Dienstleistung in Anspruch zu nehmen.

Sicher können wir uns Worte oder Sätze zurechtlegen, die sehr wirksam sind, wenn wir die entsprechende Haltung auch einnehmen. Aber eine überlegte Wortwahl allein reicht nicht aus.

Sei achtsam mit Deinen Worten!

Ein erster Schritt, die Kommunikation zu optimieren, ist unumstritten der, sich die Wahl der Worte gut zu überlegen und sich über deren Wirkung klar zu sein. Ein gutes Beispiel sind die Worte „nie" und „immer".

„Nie" und „immer" funktioniert in der Kommunikation selten. „Immer knallst Du die Türen!" oder „Nie kommst Du rechtzeitig". Meist klingt es wie ein Vorwurf. Sofort gehen wir in eine Abwehrhaltung, weil „nie" und „immer" nicht der ganzen Wahrheit entsprechen. Wir suchen dann nach Beispielen, in denen der Vorwurf nicht zutrifft und gelangen so in einen Streit.

Don Miguel Ruiz schreibt in seinem Buch »Die Vier Versprechen«, das Wort sei das dem Menschen machtvollste zur Verfügung stehende Instrument (*4). Wir können uns damit ausdrücken, kommunizieren, denken und Ereignisse kreieren.

Worte wirken wie Samen in unseren Gedanken. Äußert jemand eine schlechte Meinung über eine Person, wächst in den Gedanken der Zuhörer der gepflanzte Samen und verteilt sich.

Genauso wirkt es natürlich auch umgekehrt, wenn wir achtsam mit unseren Worten sind. Wir kreieren positive Gedanken bei anderen, die dann auch wieder zu uns zurückkommen. Dadurch entstehen bei uns positive Gefühle.

Die unangenehmsten Formen der Kommunikation sind Klatsch, Tratsch und Lästern. Wir alle sind damit aufgewachsen und empfinden es als normal, über andere zu tratschen und machen uns nicht bewusst, wie viel Einfluss das auf unsere Empfindungen hat. Klatsch ist wie ein Computervirus, der sich schnell verbreitet und uns selbst und anderen schadet. Man sagt „Unglück liebt Gesellschaft", das heißt, jeder fühlt sich von Klatsch angezogen, fühlt sich den anderen nah und der Klatsch verbreitet sich wie ein Gift. Klatschen und Lästern erzeugt eine scheinbare Nähe. Wir fühlen uns mit unseren Klatschgenossen verbunden, wir fühlen uns besser als die, über die wir lästern. Wir sind auf einer negativen Ebene miteinander verbunden. Doch wir erzeugen damit viele schlechte Gedanken, mit denen wir uns dann wieder schlecht fühlen.

Etwas Wesentliches passiert mit schlechten Worten

Wenn wir viele negative Gedanken verbreiten, trainieren wir unseren Geist darin, negativ zu denken. Das wiederum führt dazu, dass wir insgesamt, also nicht nur über einige Personen, sondern auch über uns selbst und über das Leben negativ denken. So wird „schlecht über andere reden" nicht nur für die anderen ungut, sondern sofort auch für uns, weil wir dann viel empfänglicher werden für negative Gedanken über uns selbst. Das führt zu einer negativen Grundhaltung. Wenn wir achtsam mit unseren Worten umgehen, werden wir uns in unserem Leben wesentlich besser fühlen.

Machen Sie einmal den Test: Denken Sie über eine Person nach, über die Sie sich geärgert haben oder von der Sie glauben, sie nicht zu mögen und beobachten Sie ihren Gefühlszustand. Was erzeugt es in Ihnen? Nun machen Sie die Gegenprobe: Denken Sie an jemanden, den Sie mögen, mit dem Sie gut klarkommen. Was erzeugt das in Ihnen? In welchen Zustand bringt Sie das? Beobachten Sie, ob das an Ihrem Gefühlszustand etwas verändert.

Denken Sie wertschätzend und anerkennend, freundlich und positiv über Menschen, wird das auf Ihre Gewohnheit, über andere und über sich selbst zu denken einen großen Einfluss haben.

Weil wir gelernt haben zu bewerten und zu beurteilen, braucht es am Anfang viel Aufmerksamkeit und Disziplin. Nach einiger Zeit werden Sie spüren, wie sich die Atmosphäre verändert. Die Luft wird reiner.

Körpersprache ist die zweite Schicht

Unter Körpersprache versteht man die verschlüsselten Informationen, die durch Gestik und Mimik und die Haltung des Körpers ausgedrückt werden. Dabei laufen wir Gefahr, viel zu interpretieren.

Viele Menschen halten die Körpersprache für sehr bedeutend und hoffen mit einer geschickten und ausgefeilten Körpersprache das Gegenüber manipulieren und beeindrucken zu können.

Erwarten Sie nicht zu viel!

Körpersprache wird unserer Meinung nach überbewertet! Die Menschen, die sich damit beschäftigen, interpretieren dann verstärkt mimische oder körperliche Ausdrücke wie verschränkte Arme, überschlagene Beine etc.

Körpersprache, Mimik und Gestik können etwas ausdrücken und sind auch ein wichtiges Instrument in der Kommunikation. Allein jedoch die Körpersprache, Mimik und Gestik zu bewerten, reicht nicht aus und kann sehr schnell zu Fehlinterpretationen führen.

In unseren Seminaren sehen wir oft, dass Menschen zu Beginn Arme und Beine verschränkt haben. Manche tun es, weil sie es als bequem empfinden, manche tun es, weil ihnen vielleicht kalt ist und sicher gibt es auch einige, die sich erst einmal schützen wollen. Wenn wir den Fokus zu sehr auf den körperlichen Ausdruck legen, werden wir schnell eine Meinung fassen über die Teilnehmenden mit dieser Körperhaltung. Das wiederum erzeugt ein bestimmtes Verhalten von uns als Seminarleiterinnen und schon sind wir wieder verstrickt . . .

Es ist relativ einfach, sich Elemente aus der Körpersprache anzueignen, um souveräner und selbstsicherer zu wirken.

Ändert sich jedoch nichts an der inneren Haltung, wird es wenig überzeugend sein.

Die innere Haltung durchdringt den Körper und formt die äußere Haltung. Andersherum kann ich durch eine bewusste äußere Haltung mein Training an der inneren Haltung unterstützen. Schauspieler nutzen diesen Kunstgriff, um sich intensiver in eine Rolle, in einen Charakter zu vertiefen.

Das allein reicht allerdings auch bei den Schauspielern nicht aus und kann die Arbeit an der inneren Haltung niemals ersetzen.

Körpersprache hat einen Effekt, eine Wirkung. Das ist keine Frage. Versuche ich jedoch, meine innere Haltung durch eine bewusst eingesetzte Körpersprache zu vertuschen, so gelingt das nur bedingt. Wir erleben solche Menschen dann als nicht authentisch. Man spürt sehr schnell, dass etwas nicht stimmt. Bei technisch geschulten Verkäufern kann man das sehr gut beobachten. Sehr schnell bekommt man den Eindruck, dass so ein Verkäufer einen über den Tisch ziehen will, weil das, was er äußerlich darstellt, gar nicht mit seiner inneren Haltung übereinstimmt. So interpretieren wir unsererseits eine böse Absicht, die vielleicht gar nicht da ist.

Gestalt

In der dritten Schicht der Kommunikation, der Gestalt, versucht man, den Menschen noch stärker zu erfassen, zu deuten. Viele Ansätze entwickeln Typologien und interpretieren Gesichtsformen, Körperformen, d. h. die Gestalt von Menschen.

Wir Menschen möchten uns gerne sicher fühlen im Kontakt mit den anderen. Wir versuchen zu dieser Sicherheit zu gelangen, indem wir Kategorien finden, um unser Gegenüber einordnen zu können, damit wir wissen, wie wir mit dieser Person reden können. Wir hoffen, dass damit der Kontakt leichter wird.

Offenbar möchten wir andere Menschen gerne in Kategorien einteilen. In manchen Bereichen der Wissenschaft ist es bestimmt notwendig und von Vorteil, Muster zu erkennen und zu untersuchen. In der Medizin zum Beispiel ist es hilfreich, bestimmte Muster erkennen zu können (Diagnose).

Typologien können hilfreich sein! Doch bei allen Typologien besteht die Gefahr, zu viel zu interpretieren und dass man sich dann auf diese Interpretationen verlässt. Man kennt das aus der Astrologie, der Numerologie, dem Eneagramm usw. Es gibt unendlich viele Möglichkeiten der Typologien. Man findet sich auch bestimmt immer wieder bestätigt, in den Ansätzen, wenn man sich damit beschäftigt. Dann hört man Sätze wie: Das ist ja auch typisch für den Widder, oder man verbindet eng stehende Augen mit Sturheit.

Genauso wie bei der Körpersprache ist auch hier Vorsicht geboten. Interpretieren wir zu stark ein Detail, geraten wir mit unserem Gegenüber in eine Sackgasse.

Als Coaches achten wir sehr wohl auf Reaktionen, die im Körper sichtbar werden und wir lassen die Gestalt eines Menschen auch nicht unbeachtet. Doch wir fokussieren uns vor allem auf die Veränderungen innerhalb des Gesprächsverlaufes. Natürlich achten wir auf das Strahlen im Gesicht, die Traurigkeit, emotionale Reaktionen, Bewegungen im Körper, aber immer bezogen auf die Frage, „Wie war es vorher und wie ist es jetzt? Was hat sich verändert?" Wir legen niemanden fest auf eine Typologie, oder auf eine bestimmte Körperhaltung oder Gesichtsausdrücke. Stattdessen beobachten wir, wann Körper und Gesicht Lebendigkeit ausdrücken.

Der Kern der Kommunikation –
Vibrationen, Schwingungen

Im Kern der Kommunikation sind Vibrationen und Schwingungen. So sprechen wir ja auch von der Ausstrahlung eines Menschen.

Diese inneren Vibrationen und Schwingungen strahlen nach außen. Sie formen unsere Gestalt, erzeugen entsprechende Körperhaltungen, beeinflussen unsere Wortwahl und geben unserer Aussprache einen Klang. Da wir diesen Kern der Kommunikation als den Beginn, den Anfang von Kommunikation verstehen, möchten wir uns intensiv mit diesem Teil auseinandersetzen.

Die Vibration entsteht nicht nur durch unsere innere Haltung und Lebenseinstellung. Wir transportieren auch unsere Stimmungen und Meinungen über die Situation und die Menschen, mit denen wir zu tun haben.

Ebenso werden unsere Gedanken und Meinungen zu uns selbst außen in unseren Schwingungen spürbar. Dieser Kern wirkt wie eine Keimzelle auf alle Teile der Kommunikation, auf den Körper, die Worte, und hat dann auch Auswirkungen auf unser Gegenüber.

In unseren Seminaren machen wir gerne folgende Übung. Zwei Teilnehmer gehen zusammen, der eine schließt die Augen, der andere führt mit den Händen an den Schultern des „Blinden". Die Führenden bekommen nun die Aufgabe eine bestimmte Haltung einzunehmen, während sie führen, zum Beispiel genervt.

Was die „Blinden" erleben, ist absolut faszinierend: Ohne ein Wort ist es sofort spürbar, welche Haltung da führt und beeindruckend ist, dass der Körper mit Anspannung reagiert oder bei einer anderen Haltung mit Entspannung. Das, was in unserem Inneren passiert, erzeugt also eine Schwingung, die durch alle Schichten nach außen tritt und so für andere spürbar wird.

Im Alltag kennen wir das alle: schwingt jemand in einer heiteren Grundstimmung, schwingt auch das Umfeld. Mit spielenden Kindern kann man dies erleben. Kinder sind meistens heiter, was das Umfeld auch heiter macht. Jeder von uns kennt Menschen, mit denen man sich einfach wohl fühlt, bei denen man entspannen kann.

So gibt es Menschen, neben denen entspannt man sich, und es gibt solche, die verbreiten Stress, sobald sie den Raum betreten.

Lola: „Ich habe vor einigen Jahren in einem Krankenhaus auf einer Station mit mehrfach schwerstbehinderten Epileptikern gearbeitet. Einmal kam ich zum Spätdienst. Alle liefen hin und her und der Geräuschpegel war sehr hoch. Es hatte den Anschein, als ob unglaublich viel zu tun sei. Ich fragte den Zivi, was denn los sei. Er wusste es auch nicht, bis vor einer halben Stunde sei noch alles ruhig gewesen.

Als ich fragte: ‚Und was ist passiert?‘, antwortete er: ‚Kollegin X ist vor einer halben Stunde zum Dienst gekommen.‘ Wenn diese Kollegin erschien, veränderte sich die Stimmung schlagartig und auch die Patienten reagierten sofort mit Aufregung.“

Es gibt Vibrationen und Schwingungen. Vibrationen werden erzeugt durch unsere Haltungen und Lebenseinstellungen. Schwingungen sind „oberflächlicher“ und leichter zu verändern. Unsere Stimmungen erzeugen Schwingungen, unsere Meinungen erzeugen Schwingungen. So wie unsere Erfahrungen zu inneren Haltungen werden können, können Stimmungen zu Emotionen werden und wenn sie sich weiter verfestigen, unsere Vibration verändern.

Unsere Vibration und unsere Schwingungen erzeugen unsere Ausstrahlung.

Unsere Ausstrahlung wiederum erzeugt eine Atmosphäre. Wir haben eine Wirkung auf unsere Mitmenschen; wir erzeugen etwas im Gegenüber. Ganz simpel ausgedrückt: Wir erzeugen ein Wohlbefinden oder ein Unwohlsein.

Wie machen wir das?
Alles was wir an Überzeugungen mit uns herumtragen, ist im Außen spürbar. Damit setzen wir einen Ton oder rollen einen Teppich aus, der Grundlage für die weitere Begegnung ist. Es ist wie ein Geruch, den wir verbreiten.

**Jeder Mensch hat auf
andere Menschen eine Wirkung.**

→ Manche Menschen sind inspirierend. Wenn man mit ihnen zusammen ist, bekommt man viele neue Ideen und fühlt sich frisch.
→ Manche Menschen sind beruhigend, wenn man mit ihnen zusammen ist, wird man ruhig und ausgeglichen.
→ Manche Menschen sind heiter und unterhaltsam, wenn man mit ihnen zusammen ist, fühlt man sich ebenso.
→ Und es gibt Menschen, die tragen Wut in sich. Sie sind verzweifelt wütend und wenn man mit ihnen zusammen war, fängt man mit anderen an zu streiten.
→ Es gibt Menschen, die eine hohe Anspannung oder Druck haben, und wenn man mit ihnen zusammen war, denkt man plötzlich in einer angespannten oder sorgenvollen Art über sein Leben nach.
Die Liste kann man unendlich weiterführen.

Kommunikation basiert auf der Atmosphäre, die wir kreieren.

Atmosphäre ist die Grundlage jeglicher Begegnung mit anderen Menschen. Wie schon das Schütteln der Hände oder die Hand zum Gruße zu heben ursprünglich bedeutete: „Ich komme ohne Waffen." Genau so können wir unserem Gegenüber im Ganzen das Gefühl von Wertschätzung vermitteln und so die Grundlage für gute Beziehungen und Verbindungen schaffen.

Deshalb ist es hilfreich, ein gutes Verständnis davon zu haben, wie Atmosphäre wirkt und wie wir positiven Einfluss darauf nehmen können.

„Man kann nicht nicht kommunizieren!"
(Paul Watzlawik, *5)

TEIL 2

WIE GESTALTEN WIR
WERTSCHÄTZENDE KOMMUNIKATION?

VERANTWORTUNG

Der erste Schritt ist es, die Verantwortung für mein Leben, meine Haltung, meine Lebenseinstellung, meine Kommunikation und die Qualität meiner Beziehungen zu übernehmen.

Wenn wir die Verantwortung für all das übernehmen, werden wir zu Gestaltern unseres Lebens und unserer Kommunikation.

Sind wir mutig genug, der Realität ins Auge zu schauen, dann werden wir feststellen, wie oft wir unachtsam schlechte Stimmungen verbreiten, andere Menschen mit unseren Meinungen brüskieren, ungefragt Ratschläge geben und Menschen nicht zum Strahlen bringen.

Unsere Unachtsamkeit kostet uns Zeit, Geld und Energie! Wir verschwenden kostbare Kontakte und schöne Begegnungen, weil wir unachtsam und ängstlich sind.

Verantwortung übernehmen ist eigentlich sehr einfach:
Ich mache keinen anderen für das, was mir passiert, verantwortlich. Das bedeutet, wenn etwas vorfällt, auf das ich nicht direkt Einfluss hatte, kann ich unterschiedlich darauf reagieren und damit darauf Einfluss nehmen, wie sich eine Situation weiterentwickelt.

Jack Canfield beschreibt es in seinem Buch »Kompass für die Seele« (*6) mit einer sehr einfachen Formel:
Ereignis + Reaktion = Folge

Es gibt ein Ereignis, auf das reagiere ich und produziere damit eine Folge. Nehmen wir ein einfaches Beispiel:
Ich bin aus dem Haus gegangen und habe keinen Schirm mitgenommen. Es fängt an zu regnen wie aus Kübeln, als ich gerade unterwegs bin. Ich finde keine Unterstellmöglichkeit, außerdem bin ich in Eile zu einem wichtigen Termin und werde pitschnass.

Das ist das **Ereignis**. Ich bin nicht verantwortlich dafür, dass es regnet, und es war auch nicht abzusehen, dass es regnen würde. Dafür bin ich also nicht verantwortlich. Wie der Tag jetzt aber weitergeht, hängt sehr stark von meiner **Reaktion** ab. Wenn ich mich jetzt also maßlos aufrege, in meiner Wut den Termin absage, dadurch mir ein Auftrag durch die Lappen geht, ist das eine mögliche Reaktion, mit deren **Folge** ich sehr wahrscheinlich unzufrieden bin und mit der ich mich zusätzlich womöglich auch noch als Opfer der misslichen Umstände fühle.

Wenn ich die volle Verantwortung übernehme, bleibe ich gelassen, überlege, was jetzt die oberste Priorität hat und entscheide dementsprechend. Für uns hätte wahrscheinlich der Termin oberste Priorität, auch wenn wir nass sind. Dann wissen wir jedoch, dass wir alles dafür getan haben, aus der Situation trotzdem das Beste zu machen. Der Regen ist das Ereignis, den Termin abzusagen oder einzuhalten ist die Reaktion und daraus entwickelt sich die Folge.

Nehmen wir nun ein Beispiel aus der Kommunikation:
In einem Gespräch entwickelt sich aus verschiedenen Standpunkten eine heiße Debatte. Im Laufe des Gesprächs wird mein Gegenüber persönlich und attackiert mich unsachlich, indem er mich zum Beispiel beschimpft, unfähig und rechthaberisch zu sein.

Das ist erst mal das **Ereignis**, das ich nicht vorhersehen konnte, wenn ich meinen Gesprächspartner nicht gut kenne.

Jetzt hängt es wieder von meiner **Reaktion** ab, wie ich mich von meinem Gesprächspartner verabschieden werde. Die übliche Reaktion ist, sich auf den Streit einzulassen, zurückzuschießen und ebenfalls beleidigend zu werden. Dann hat man einen handfesten Streit, der auch im Nachhinein viel Zeit und Energie kosten wird. Wenn es außerdem im beruflichen Umfeld stattfindet, kostet so ein Streit auch zusätzlich noch viel Geld.

Wenn ich mir das rechtzeitig vor Augen führe, werde ich eher versuchen, sachlich zu reagieren. Durch meine Ruhe kann ich möglicherweise eine Einigung herbeiführen und mich so trennen, dass man sich zu einem anderen Zeitpunkt wieder normal begegnen kann. Vielleicht bin ich sogar so fortgeschritten in meiner Kommunikation, dass ich aus dem Streit-Muster nicht nur aussteigen, sondern dieses sogar in ein leichteres Muster transformieren kann.

Zu jedem Zeitpunkt in meinem Leben, habe ich immer mehrere Optionen. Das gilt es, sich klarzumachen. Für welche Option ich mich entscheide, beeinflusst die Folge. Das ist damit gemeint, zu 100 % die Verantwortung zu übernehmen.

Oder anders ausgedrückt: Jemand kommuniziert mit mir in einer bestimmten Art und Weise und ich reagiere darauf und erzeuge eine neue Situation.

Niemand hat Pech oder Glück im Leben, niemand ist per Zufall beliebt, hat viele Freunde oder Kontakt zu Menschen, die ihn inspirieren! Wir begegnen so vielen Herausforderungen in unserem Leben. Die Ereignisse des Lebens können wir nicht beeinflussen, wohl aber unsere Reaktion.

Übernehmen wir Verantwortung für das, was passiert, treten wir aus der Opferrolle. Dann gelangen wir in einen Zustand der Klarheit. Wir können ja den anderen Menschen nicht verändern – was wir jedoch beeinflussen können, ist unsere eigene Reaktion auf die Ereignisse und damit kreieren wir eine ganz neue Welt!

> *„Die Definition von Wahnsinn ist, immer wieder das Gleiche zu tun und andere Ergebnisse zu erwarten."*
> *(Albert Einstein)*

Solange wir die Schuld beim anderen suchen, bleibt alles beim Alten. Solange wir davon überzeugt sind, dass es die anderen sind, die gemein, unfreundlich oder streitsüchtig sind, wird sich nichts verändern!

Treffe ich jedoch die Entscheidung, dass die Sonne aufgeht, sobald ich den Raum betrete, dann setze ich einen anderen Impuls und es wird etwas anderes passieren. Treffe ich die Entscheidung „Egal was passiert, ich bleibe in der Wertschätzung!", dann erzeuge ich Wertschätzung und die Kommunikation geht in eine andere Richtung.

Die Menschen sind wie sie sind, wir werden sie nicht ändern. Der einzige Mensch, den wir verändern können, sind wir selbst! Wenn wir bereit sind, eine andere Form der Kommunikation zu lernen, können wir auch dafür sorgen, dass die Luft rein bleibt.

Unser übliches Verhalten ist es, unwillkürlich die Atmosphäre um uns herum zu gestalten. Ohne damit bewusst umzugehen, nehmen wir, was von innen kommt, und geben es an unsere Umwelt ungefiltert weiter.

Wenn wir uns unsere Kommunikation also anschauen und uns fragen: „Wann ist die Kommunikation begeisternd, belebend und wohlwollend? Wann können wir mit schwierigen Situationen gut umgehen?", so ist die Antwort von vielen Menschen in unseren Seminaren ganz eindeutig: „Immer dann, wenn wir entspannt und glücklich sind." Dann nämlich verbreiten wir das Glück und die Entspannung, die in uns sind und haben ein anderes Ergebnis in unserem Umfeld. Wir haben etwas anderes erzeugt. Deshalb liegt die schnelle Schlussfolgerung nahe: „Na dann sorge ich dafür, dass ich einfach mehr entspannt bin …" Das ist durchaus und für jeden von uns möglich!

Was es braucht, ist vor allem Aufmerksamkeit!

Wir bewegen uns in einem Feld von Schwingungen und sind von den Ereignissen nicht unbetroffen. Sind wir jedoch aufmerksam, können wir uns leichter und schneller aus der Situation herauszoomen. Wenn wir das tun, die Situation betrachten, anstatt verstrickt zu sein, können wir das Ganze deutlicher sehen.

Wir können dann feststellen, dass wir unter Druck geraten sind und deshalb anspannen. Wenn wir das bemerken können, dann können wir dafür sorgen, dass wir entspannen. Sogar in der Situation noch!

Damit ist gar nicht gemeint, dass wir nur noch entspannt sind, dass wir nur noch glücklich sind. Es geht vielmehr darum, schneller zu erkennen, in welcher Verfassung wir uns befinden. Dann kann man mit der Zeit immer schneller etwas dagegen unternehmen, anstatt andere Menschen damit zu belasten.

GLÜCK UND ENTSPANNUNG

Glück und Entspannung haben einen wesentlichen Einfluss auf unsere Kommunikation.

Was sorgt dafür, dass wir entspannt sind?

Wir sind entspannt, wenn wir ausgeruht sind und genügend geschlafen haben. Wenn die Aufgaben, die wir zu erledigen haben überschaubar sind und uns Spaß machen, geraten wir nicht so schnell in Stress. Wenn wir gut für uns sorgen, sind wir entspannt. Jeder sorgt auf seine eigene Weise für sich gut. Der eine treibt gerne Sport zur Entspannung, der andere liebt die Badewanne, wieder ein anderer geht spazieren und Frauen entspannt es oft, mit Freundinnen zu reden.

Menschen mit Freundschaften und guten Beziehungen haben nachweislich mehr Energie und geraten weniger schnell unter Stress. Um gute Beziehungen und Freundschaften zu knüpfen, ist eine gelingende Kommunikation hilfreich. Zusätzlich braucht es aber die Fähigkeit, das Glück wahrzunehmen und wertzuschätzen. Menschen, die das können, strahlen Zufriedenheit und Entspanntheit aus.

Glück ist sehr individuell. Eckart von Hirschhausen: „Für manche ist es Glück, morgens neben seinem Partner aufzuwachen, für manche ist es Glück, morgens *nicht* neben seinem Partner aufzuwachen, für manche ist es Glück, wenn der Partner nicht mehr aufwacht . . .“ (*7).

Glück ist Zufriedenheit, Wohlbefinden, positive Ereignisse, Erlebnisse. Und glücklich ist, wer Positives in seinem Leben wahrnimmt. Und das ist ein entscheidender Schritt. Egal, was in meinem Leben passiert, wie groß mein Glück auch sein mag, es nützt mir gar nichts, wenn ich es nicht sehen, nicht wahrnehmen und nicht schätzen kann.

Eckart von Hirschhausen sagt in seinem Programm »Glück kommt selten allein«: „Die meisten Menschen wissen nicht, wie glücklich sie eigentlich sind!"

Wenn wir das Glück, das wir haben, nicht sehen, ist es auch schwierig, dankbar dafür zu sein. Wir sehen viele Dinge als selbstverständlich an oder haben unser Glück nicht präsent.

Es scheint nicht auszureichen, glücklich zu sein, man muss sein Glück auch bemerken. Der Psychiater Giovanni Fava (*8) hat nach dieser Erkenntnis in der Behandlung von depressiv erkrankten Menschen eine Wohlfühltherapie entwickelt. Kern dieser Therapie ist es, ein „Glückstagebuch" zu führen. Darin hält man alle glücklichen Momente des Tages fest, um sie im Bewusstsein abzuspeichern, denn dann gehen sie nicht verloren.

Glück ist ein Gefühl. Wir glauben:
„Wenn ich eine Million hätte, dann wäre ich glücklich!" Oder „Wenn ich einen Partner hätte, dann wäre ich glücklich!" Oder „Wenn ich . . ." Die Liste können Sie ganz nach Ihrem Geschmack ergänzen.

Doch wir sehnen uns nicht nach dem *Objekt*, sondern nach dem *Gefühl*. Dieses Gefühl können wir selbst in uns erzeugen! Wenn wir traurig sind, ist das vorherrschende Gefühl Traurigkeit. In unserer Tristesse sehnen wir uns danach, Glück empfinden zu können. Dieses Glück hängt mit unseren Gedanken und unserer Energie zusammen.

GUTE GEDANKEN SIND EINE
FRAGE DES FOKUS

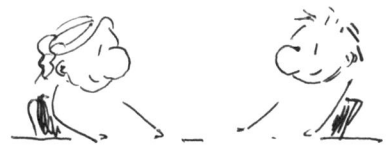

Dale Carnegie sagt: „Vergiss nicht, Glück hängt nicht da-von ab, wer du bist oder was du hast; es hängt nur davon ab, was du denkst" (*9). Die Gedanken sind entscheidend dafür, ob wir den Eindruck haben, ein glückliches Leben zu führen oder ein schreckliches.

Es ist doch die Frage, auf welche Ereignisse unseres Lebens wir den Fokus legen. Wenn wir uns viel mit den Ereignis-sen beschäftigen, die negativ sind, erleben wir das Leben als negativ.

Wir trainieren damit unseren Geist, schneller, aufmerk-samer und mit mehr Intensität auf negative Dinge zu re-agieren. Ebenfalls nehmen wir schneller und häufiger die negative Sichtweise ein.

Damit bildet sich Stück für Stück aus vielen Erfahrungen auch eine Haltung. Dann sehe ich vor allem das Negative im Leben. Doch das ist nur eine Sichtweise und keinesfalls die ganze *Realität*!

Wir stellen uns das so vor:
Ich betrachte mein Leben wie auf einer Bühne. Auf der lin-ken Seite sind die Ereignisse, Taten, Dinge, die mich glück-lich machen, auf der anderen Seite sind die, die mich un-glücklich machen. Die Frage ist, auf welche Seite richte ich den Scheinwerfer? Richte ich ihn auf die glückliche Seite,

sehe ich nur das Glückliche, das Unglückliche bleibt ja da, das ändert sich nicht. Richte ich ihn auf die unglückliche Seite, so sehe ich nur das Unglückliche, das Glück bleibt da, nur ich sehe es nicht. Weil ich mich auf eine Seite fokussiere, habe ich den Eindruck, mein Leben ist glücklich bzw. unglücklich.

Doch nicht nur unsere eigene Sichtweise beeinflusst uns, auch die Gesellschaft, in der wir leben, tut das. Sie bildet das Denkmuster, in das wir hineinwachsen, und von dem wir täglich umgeben sind. Es ist gar nicht so einfach, sich davon zu lösen. Es braucht – Sie ahnen es schon – Disziplin und Achtsamkeit.

Fehlersuche

Wir wachsen allerdings auf in einer Gesellschaft, die den Fokus auf die negativen Dinge richtet. Deshalb ist es nicht ganz einfach, immer an das Positive zu denken. Wenn man sich anschaut, worüber die Medien berichten und worauf der Fokus in der Schule gerichtet ist, ist es nicht erstaunlich, dass wir alle so gut darin trainiert sind, zuerst die Fehler wahrzunehmen.

Jeder kennt Beispiele aus seiner Schulzeit, als sich der Blick von Lehrern wie Schülern nur auf die Schwächen des Einzelnen richtete. Wenn ein Kind in allen Fächern hervorragende Ergebnisse erzielt, aber eine Schwäche beim Rechnen hat, konzentrieren sich alle auf diese Schwäche. Die Lehrer genauso wie die Eltern meist. Das Kind wird dann zum Kind mit der Rechenschwäche, obwohl alles andere bestens läuft.

Wenn Sie an einem Tag 50 Dinge getan haben, die funktioniert haben, und Ihnen zwei Fehler passiert sind: Woran denken Sie am Ende des Tages? Meistens an die Fehler.

Dass unser Fokus so sehr auf Fehlern, Schwächen und Gefahren liegt, hat auch einen evolutionären Hintergrund. Gefahren und Fehler mussten schnell erkannt werden, um lebensgefährliche Situationen abzuwenden.

In der Pädagogik hat man schon lange verstanden, dass man Kinder ermutigen muss. Einem Zweieinhalbjährigen sagt man noch: „Toll, die ersten Schritte gemacht, super, auf's Töpfchen gegangen, wow, ein Bäuerchen gemacht." Macht er das Bäuerchen drei Jahre später am Tisch, ist das nicht mehr „Wow" . . .

Sind die Kinder so um die 3 Jahre alt, fängt man an, anders mit ihnen zu reden.

Lola: „Wir möchten ja alle, dass unsere Kinder wertvolle Mitglieder unserer Gesellschaft werden und weihen sie deshalb frühzeitig in die Regeln dieser Gesellschaft ein. So auch ich mit meinem Sohn. Also sagte ich ihm deutlich, wann er gegen die Regeln verstiess und sich nicht gut benahm. Eines Tages, ich war gerade wieder dabei, meinem Sohn zu erklären, dass sein Verhalten gerade nicht schön ist, dass ‚man das so nicht macht', fiel mir auf, dass mein Sohn mich sehr verwirrt dabei anschaute. Ich fragte mich, was ihn so verwirrt. Und dann war es mir plötzlich klar: Ich rede die ganze Zeit darüber, was nicht gut ist, was er nicht darf, aber ich spreche so gar nicht darüber, wie es denn nun richtig ist. Das ist wohl einfach verwirrend."

Wir sprechen viel häufiger über das Problem, die Verletzung, den Fehler als über das, was wir uns wünschen. Wir gehen unbewusst davon aus, dass es klar ist, wenn ich jemandem sage er sei zu langsam, dass er schneller machen soll. Doch was passiert, wenn wir auf ein Problem oder einen Fehler gestoßen werden? Sind wir dann motiviert und aktiviert und sagen: „OK, los geht's!"? Meistens nicht. Eigentlich wird das Hirn blockiert und uns fällt nichts ein, was das Problem lösen könnte.

Wir sind auf Fehlerfahndung und haben damit eine gute Absicht: Wir wollen ja die Fehler minimieren. Doch je mehr wir auf Fehler achten, desto mehr Fehler passieren. Wenn Sie sich vorstellen, jemand steht hinter Ihnen, um zu überprüfen, wo Sie Fehler machen. Machen Sie dann mehr oder weniger Fehler? Meistens mehr.

Und weil wir die Fehler ausmerzen wollen, sind wir so fixiert darauf. Das Ergebnis ist leider oft, dass wir ein größeres Bewusstsein und eine stärkere Wachheit für Fehler haben. Dieser Impuls kommt, wie oben schon erwähnt, aus der Geschichte der Menschheit. Wir betreten einen Raum und meistens bemerken wir erst einmal, was nicht schön ist, was nicht passend ist. Wir tun dies aus einer tiefen Gewohnheit. Diese Gewohnheit ist gut, wenn wir untersuchen wollen, warum etwas nicht funktioniert, andererseits ist unser Fehlerbewusstsein so groß, dass wir uns selbst und das, was wir in unserem Leben erschaffen haben, nicht wertschätzen können.

In einem unserer Trainings erzählte eine Teilnehmerin, sie habe zwei Kinder ganz alleine großgezogen, auch ohne finanzielle Unterstützung. Sie konnte das jedoch nicht wertschätzen, da ihre jetzt erwachsenen Kinder ihr schon auch deutlich machen, dass sie oft alleine waren. Sie sieht nur, dass sie Fehler gemacht hat, nicht aber, dass sie zwei Kinder auf einen guten Weg gebracht hat.

Ihre Kinder sagen: „ Wir waren eben viel allein, aber es hat uns nicht geschadet." Sie hört nur, dass sie ihre Kinder viel alleine gelassen hat, mit dem zweiten Teilsatz, der die Wertschätzung ausdrückt: „. . . aber es hat uns nicht geschadet!" beschäftigt sie sich gar nicht.

Wie lenke ich meinen Fokus?

Es gibt in jedem Leben gute und schlechte Augenblicke. Vielen Menschen passiert es, dass sie sich in der Negativschleife aufhalten, auch uns! Obwohl wir uns viel und seit Jahren mit dem Thema befassen. Wir stellten fest, dass es nichts verändert, wenn man sich viel mit dem negativen Inhalt beschäftigt. Wir bemerkten, dass auch darüber reden die Situation eher schlimmer als besser macht.

Unsere Gesellschaft ist von Angst geprägt. Zeitungen berichten täglich von Betrug, Katastrophen, Unfällen und schlechten Ereignissen. Gute Nachrichten werden in unserer Gesellschaft kritisch betrachtet. Wenn wir Freunde treffen, sprechen wir mehr über das Negative. Wenn mich jemand Vertrautes fragt, wie es mir geht, führen schlechte Botschaften zu einem längeren Gespräch als gute. Wir lieben es, Probleme zu wälzen. Wir sind vorsichtig mit unseren Heldentaten, weil wir Neid fürchten oder Angst haben, arrogant zu wirken.

Beobachten Sie sich selbst einmal, wenn Menschen in einer Runde schlimme Geschichten erzählen. Man fängt sofort an, eine noch schlimmere Geschichte zu suchen, um die Story zu toppen. Nach dem Motto „Das ist doch gar nichts! Stell Dir vor, was *ich* erlebt habe!"

In dem Film »Notting Hill« mit Hugh Grant und Julia Roberts gibt es eine nette Szene, die das schön verdeutlicht: Es sitzen sechs Leute am Tisch. Unter anderem eine sehr erfolgreiche Schauspielerin, die alles hat in ihrem Leben, was sie sich nur wünscht und dann eine Frau, die gelähmt im Rollstuhl sitzt. Die sechs Leute spielen um den letzten Brownie. Wer die tragischste Figur im Leben ist, bekommt den Brownie. Und sie ahnen schon, was passiert: Die erfolgreiche Schauspielerin kann für einen Moment alle überzeugen, dass es tragischer ist, wenn man seit seinem 19. Lebensjahr Diät halten muss und es jedes Mal in der Presse erscheint, wenn einem das Herz gebrochen wurde, denn als Rollstuhlfahrerin in einem Haus mit vielen Treppenstufen zu leben und mit der Gewissheit leben zu müssen, keine Kinder bekommen zu können, obwohl man sich so sehr welche wünscht.

In dieser Szene versucht jeder der sechs Menschen, sein Leben als etwas darzustellen, was tragisch ist. Wir können unsere eigene „Geschichte" so darstellen, als wäre sie die schlimmste. Wir feilschen darum, welche Katastrophe größer ist und wen es am schlimmsten getroffen hat, anstatt schöne, gute und erfolgreiche Geschichten zu erzählen.

Es ist unangenehm von Heldentaten zu berichten, weil wir Angst haben arrogant zu erscheinen. Mitleid ist leichter zu ertragen als Neid. Mit Mitleid scheinen die Menschen sich uns zuzuwenden. Ist jemand neidisch auf uns, wendet er sich ab und zieht unter Umständen noch andere mit auf seine Seite.

Wie lenken wir den Fokus auf das
Glück und das Schöne im Leben?

In dem wir uns vor allem damit beschäftigen! Ganz einfach. Wir geben zu, es ist Training. Es braucht Disziplin genauso wie beim Fitnesstraining.

Zu lernen, den Fokus auf die guten Dinge im Leben zu lenken, heißt auch, wieder lernen, sich zu begeistern. Und zwar nicht für die gewaltigen und großen Dinge des Lebens, sondern für die kleinen Alltäglichkeiten. Kürzlich sahen wir ein Interview mit der ältesten Überlebenden des Holocaust. Alice Herz-Sommer ist 109 Jahre alt. Auf die Frage, was ihr Geheimnis sei, dass sie sich so gut fühle in ihrem Alter, sagte sie:

„Optimism, … Live is beautiful! Help to be happy. To admire, to thank. Thankful that we are living. Where ever you look is beauty!" (*10)

Es schult unsere Wahrnehmung ungemein, wenn man mal nur einen Tag lang bewusst wahrnimmt, was es alles so Geniales im Leben gibt. Uns hat es geholfen, mit dem Kopf einen kleinen Vertrag zu machen: Nur für einen Tag! Die Abmachung ist, einen Tag lang den Fokus auf das Positive zu lenken, nur einen einzigen Tag und dann kann alles wie gewohnt weitergehen.

Eigentlich können wir das alle sehr gut, den Fokus zu halten. Wir halten doch ständig unseren Fokus auf die negativen Dinge des Lebens. Also brauchen wir die Dinge, Ereignisse und Erlebnisse nur von einer anderen Seite aus zu betrachten.

Selektive Wahrnehmung

Wir nehmen die Welt durch einen Rahmen wahr. Wir sehen ja nicht die ganze Wahrheit und Wirklichkeit. Aufgrund unserer Erziehung und unserer Erfahrungen betrachten wir die Welt durch eben diesen Rahmen. Dieser Rahmen wird immer wieder bestätigt durch unsere Erfahrungen. Und dann sagen wir: „Na also, hab ich's doch gewusst!"

Doch was links und rechts von unserem Rahmen ist, nehmen wir gar nicht richtig wahr. Haben wir die Brille „Die Welt ist furchtbar" auf, dann sehen, bemerken, nehmen wir das Furchtbare wahr. Dann sehen wir das Leid der Welt, die unglücklichen Menschen in unserem Betrieb und auch, wie entsetzlich unser eigenes Leben ist. Haben wir die Brille „Das Leben ist wundervoll" auf, dann sehen wir das Wunderbare, die Schönheit der Welt und können uns über die kleinen wunderlichen Dinge freuen.

Wenn wir nun die Welt neu betrachten wollen, brauchen wir eine neue Brille, die wird uns andere Erfahrungen machen lassen, was uns wiederum eine neue Haltung beschert. Doch leider beißt sich die Katze oft in den eigenen Schwanz! Denn damit wir einen anderen Rahmen bekommen, brauchen wir neue Erfahrungen und ohne eine neue Erfahrung ist es schwer, einem neuen Rahmen zu vertrauen, wo ich doch so viele Erfahrungen gemacht habe mit dem alten Rahmen!

Der Kopf rebelliert. Er verlangt nach logischen Begründungen. In unserem Gehirn ist vor allem die linke Hälfte gut ausgebildet und wir sind es gewohnt, die Dinge logisch zu betrachten. Doch wenn wir neue Erfahrungen machen wollen, brauchen wir auch die rechte Gehirnhälfte. Für die rechte Gehirnhälfte ist Logik nicht so wichtig. Also wundern Sie sich nicht, wenn Ihr Kopf rebelliert, das ist normal.

WIE ÄNDERE ICH MEINE HALTUNG UND EINSTELLUNG, MEINEN FOKUS?

Es ist immer unsere Sicht auf die Dinge, die bestimmt, ob unser Leben eine Katastrophe ist oder nicht. Sie kennen ja den Spruch vom Glas, das entweder halb leer oder halb voll ist. Jedes glückliche Leben kann ich in ein unglückliches verwandeln, allein durch die Art, wie ich darüber denke und rede.

Fangen Sie an, sich auf das Glück zu fokussieren – kein künstlich erzeugtes Glück, sondern das Glück, das real in ihrem Leben erscheint.

Es ist noch mehr als „nur" positiv denken. Wenn Sie besonders unglücklich sind, fangen Sie mit den kleinen Dingen an. Freuen Sie sich darüber, dass Sie eine Wohnung haben, egal ob sie groß, klein, hässlich, schön oder sonst was ist.

Lola: „In meinem größten Unglück begann ich mich darauf zu konzentrieren, was mir in all dem Unglück als Glück erscheint. Manchmal ist es nicht viel. In meinen schlimmen Zeiten, war es manchmal die Pfandflasche, die ich fand. Dann wusste ich, dass ich zum Brot auch noch Butter kaufen konnte. Indem ich begann, in ‚meinem schrecklichen Leben' mich auf das zu konzentrieren, was gut, was hilfreich ist und wo mir etwas gelingt, funktionierte immer mehr in meinem Leben."

Glück ist eine Entscheidung

Ob sie Ihre Haltung dem Leben gegenüber verändern, hängt davon ab, ob sie eine Entscheidung treffen: die Entscheidung, glücklich zu sein. Sie werden jetzt staunen: Das ist keine leichte Entscheidung!

»Leiden ist leichter als lösen« lautet der Titel einer CD von Wolf Büntig (*11), in der er beschreibt, wie seelische Lösungen körperlich sichtbar werden. Leiden kann sehr intensiv sein. Unsere Erfahrung ist, dass man sich im Leiden sehr lebendig fühlen kann. Wenn ich mein Glück nicht mehr spüre, spüre ich mich zumindest im Leiden.

Und vor der Entscheidung müssen Sie erkennen, dass es keine Hoffnung gibt. Wir hoffen immer auf Rettung von außen. Gerade heute hörten wir wieder eine Geschichte von einer Frau, die hofft, dass es ihr besser gehen würde, wenn sie nur geliebt würde . . . Hoffnung hat wenig Kraft, weil uns hoffen vom Handeln abhält.

Stellen Sie sich vor, dass es keinen gibt, der Sie retten wird. Niemanden! Nicht mal Ihre besten Freunde werden Sie retten. Niemand wird dafür sorgen, dass Sie glücklich werden. Nicht die Politiker, nicht Ihr Arbeitgeber, nicht Ihr Partner. Niemand. Außer Sie selbst! Wenn Ihnen das bewusst ist, werden Sie auch nicht länger warten, dann fangen Sie an zu handeln.

Wenn Sie die Entscheidung treffen, glücklich zu sein, dann können Sie es auch schaffen.

Natürlich gibt es Dinge, Situationen, Ereignisse, die unangenehm sind und die ich scheinbar nicht ändern kann. Wenn ich einen Job habe, in dem ich viel reise, dann kann ich mich darüber beklagen, dass ich so viel unterwegs bin und so wenig Zeit mit der Familie verbringe.

Lola: „Während ich das hier schreibe, sitze ich im Zug von Halle nach Stralsund. Ich gebe zu, es gab Zeiten, in denen ich enthusiastischer beim Reisen war. Gerne würde ich heute Abend meinen Sohn ins Bett bringen und mit meinem Partner auf ein Bierchen irgendwohin gehen. Aber ich bin nun mal unterwegs und das kann ich gerade nicht ändern. Also mache ich das Beste draus und nutze die Zeit, an diesem Buch zu schreiben."

Wie ich mein Leben bewerte, hängt davon ab, aus welcher Sicht ich die Dinge betrachte. Wie ich selbst die Situationen bewerte. Es gibt Dinge, Situationen, Ereignisse, die ich ändern kann, und es gibt solche die einfach so sind, wie sie sind. Franz von Assisi hat das in einem Gebet so ausgedrückt:

Gott hilf mir, die Dinge zu ändern,
die ich ändern kann und die Dinge,
die ich nicht ändern kann, zu akzeptieren.
Und gib mir die Weisheit,
das eine vom anderen zu unterscheiden.

Wenn uns in unserem Leben etwas begegnet, das uns nicht gefällt, überlegen wir, wie wir es denn gerne hätten und ob es zu ändern ist. Wenn nicht, dann schließen wir Frieden, wenn doch, dann sorgen wir dafür, es zu verändern.

Gedanken und Überzeugungen

Um noch einmal an den Satz von Dale Carnegie zu erinnern: „Glück ist nicht abhängig von Zeit und Status, sondern von den Gedanken, die wir denken."

Es gibt die Arbeit mit positiven Affirmationen. Es ist ein guter Anfang, sich Sätze sagen zu lassen, die man sich dann immer vor Augen hält. Es kann jedoch passieren, dass das positive Denken sich wie ein Mantel um die negativen Gedanken legt. Unter den positiven Gedanken bleiben die negativen. Wenn wir wirklich in eine glückliche Haltung dem Leben gegenüber kommen wollen, dann braucht es mehr als Bilder. Das ist dann eine intensive Arbeit an den eigenen Gewohnheiten des Denkens! Ein tägliches Trainieren der eigenen Flexibilität und der Fähigkeit, die Dinge anders zu betrachten als gewohnt. Und es ist dann wie im Fitnessstudio: Einmal in der Woche ist schon ein guter Anfang, zweimal die Woche ist besser und gute Trainingserfolge erzielt man mit täglichem Training.

Denn: worüber denken wir nach, wenn wir durch unseren Alltag schliddern? Beobachten Sie sich selbst. Nehmen Sie einmal wahr, welche Gedanken durch Ihren Kopf ziehen. Und immer, wenn Sie merken, dass Ihre Gedanken sorgenvoll, bedrückend, negativ oder ängstlich sind, tauschen Sie die Karte in Ihrem Gehirn aus. Ersetzen Sie diese durch eine Karte mit positivem Inhalt. Erinnern Sie sich in dem Moment an glückliche Ereignisse in Ihrem Leben, erinnern Sie sich daran, wie dankbar Sie dafür sind, dass Sie einem bestimmten Menschen in Ihrem Leben begegnet sind, oder was auch immer in Ihnen ein dankbares Gefühl auslöst.

Lola: „Es gab eine Zeit, in der ich mir sehr unsicher war, ob mein Partner mich wirklich liebt, ob er wirklich bleibt oder mich vielleicht verlässt. Von Zeit zu Zeit ereilte mich die Panik. Mir war klar, dass dieses Gefühl weder förderlich war für meine Beziehung noch für mein übriges Leben. Also tauschte ich die „Panikkarte" gegen die „Dankbarkeitskarte" ein. Also, sobald die Panik kam, schob ich den Gedanken beiseite und dachte darüber nach, wie dankbar ich bin, diesen Mann getroffen zu haben. Ich erinnerte die schönen, warmen Momente in unserem Zusammensein. Und dann dachte ich eines Tages, was auch immer passiert, auch wenn er mich jetzt verlassen würde, ich wäre immer unendlich dankbar, dass ich seine Liebe erleben konnte und für die vielen schönen Momente in unserem Leben. Und dabei löste sich die Panik auf und Ruhe und Entspannung breiteten sich aus."

Und es geht viel einfacher als man denkt! Es kostet Mut und Disziplin und manchmal muss man dabei Stimmungen oder sogar Gefühle ignorieren, die wir doch für wahr und richtig halten. Es braucht Aufmerksamkeit zu erkennen, was gerade wirklich Müll ist.

Gedanken entstehen durch Stimmungen

Viele unserer Gedanken entstehen durch Stimmungen, und die meisten unserer Stimmungen sind gar nicht unsere. Wir fangen Sie auf wie Viren. Und – sie sind höchst infektiös, vor allem die schlechten. Stimmungen sind wie ein übler Wind: Sie kommen und gehen . . . und ich entscheide, ob ich sie wie einen üblen Geruch mit der Hand wegfächere oder ob ich ihn tief einatme und dabei immer tiefer reingehe.

Eine Gesellschaft, die den Fokus auf das Unglück und das Negative lenkt, ist ein guter Nährboden für die Verbreitung von negativen Stimmungen.

→ Wir sind es gewohnt, den negativen Stimmungen mehr Aufmerksamkeit zu geben als den positiven,

→ so wie wir es gewohnt sind, mehr über die Fehler nachzudenken, als über das Geglückte,

→ so wie wir es gewohnt sind, erst mal zu sehen was nicht funktioniert,

→ so wie wir es gewohnt sind, bei einem Feedback darüber zu sprechen, was nicht funktioniert hat,

→ so wie es üblich ist, einem Menschen zu sagen, was er falsch macht und nicht, wie wir uns wünschen, dass er handelt.

Menschen können keine Gedanken lesen – das zwar nicht. Aber jeder Gedanke in unserem Kopf erzeugt eine Ausstrahlung und ein Verhalten. Auf dieses Verhalten reagiert die Umwelt. Deshalb beeinflussen unsere Gedanken unsere Kommunikation.

Es gibt zwei „Formen" von Gedanken. Erstens Gedanken, die wir selbst erzeugen, weil wir unseren Fokus auf eine bestimmte Sache lenken, zweitens Gedanken, die in unseren Kopf kommen, weil wir eine Stimmung aufgeschnappt haben oder auch, weil wir uns in einem bestimmten Umfeld bewegen. Aus diesen Gedanken werden dann Gefühle und aus Gefühlen können dann auch Katastrophen werden.

STIMMUNGEN

In der Realität ist man sehr oft von Stimmungen und Gefühlen beeinflusst, ja wir würden sogar sagen, dass wir uns
sehr oft davon steuern lassen. Stimmungen beeinflussen
unsere Kommunikation. Sie beeinflussen unsere Wahrnehmung und unsere Einschätzung von Situationen.

Was ist das genau, was uns oft mehr lenkt als uns lieb
ist? Wir hängen sehr an unseren Gefühlen und können
manchmal kaum Abstand davon nehmen. Es kann hilfreich
sein, sich das Wesen von Emotionen zu verdeutlichen, um
leichter damit umzugehen.

Emotionen und Gefühle

Emotionen entstehen aufgrund eines Reiz-Reaktion-Sche-
mas. Dabei können Reaktionen an alte Erinnerungen ge-
knüpft sein, die damals ein unbehagliches Gefühl erzeugt
haben. Im Gehirn gibt es zu dem Reiz als Schlüssel eine
Art Schloss, woraus ein Verhalten entsteht. Nach Damasio
(*12) „führen diese Reaktionen – direkt oder indirekt – zu
Bedingungen, die dem Überleben und Wohlbefinden des
Organismus dienlich sind."

Wenn ich also einmal das Erlebnis von Ohnmacht hatte, weil ich mich vielleicht meiner Mutter gegenüber nicht
durchsetzen konnte, kann es passieren, dass eine aktuelle
Situation mich wieder in dieses Gefühl der Ohnmacht ver-

setzt und dann reagiere ich wie früher bzw. verhalte mich wie früher. Damals war mein Verhalten notwendig, um zu „überleben", und nun führe ich dieses Verhalten weiter fort.

Ein emotional besetzter Reiz wird in einem bestimmten Bereich des Gehirns bewertet, dadurch werden andere Hirnregionen aktiviert, die die Emotion auslösen und wieder andere werden aktiviert, die sie ausführen.

„Egal, ob wir aufmerksam sind oder nicht, erfassen wir emotional besetzte Reize. Anschließend haben wir die Möglichkeit, unsere Aufmerksamkeit und Gedanken auf diese Reize zu lenken." (*13)

In dem oben genannten Beispiel kann ich dann selbst entscheiden, ob ich mich weiterhin damit beschäftige, dass ich mich ohnmächtig fühle und meistens dann sauer werde. Dann passiert es oft, dass wir diese Emotionen mit angeblichen Tatsachen füttern. Wir suchen Beweise dafür, dass wir uns gegen diese Person nicht durchsetzen können. Wir stellen am laufenden Band fest, dass diese Person dominant ist. Dieses Denken kostet viel Zeit und Energie. Vor allem hindert es uns daran, aktiv zu werden, mit der Person eine Verbindung aufzubauen und aus der Opferrolle auszusteigen.

Die Reize kommen also, egal ob wir wollen oder nicht. Die Frage ist, wie wir die Reaktion verändern können.

Dazu müssen wir in der Lage sein, Abstand zu nehmen von dem Wunsch, auf den Reiz zu reagieren. Oft hilft es, einfach gar nichts zu tun. Stellen Sie sich vor, dass jemand mit Ihnen streiten will. Diese Person reizt Sie an Ihren berühmten wunden Punkten. Es kostet unglaublich viel Kraft, dieser „Versuchung" zu widerstehen – und es ist unglaublich effektiv.

Ein weniger stark verwurzelter Reiz kann auch ein Buch oder ein Film sein. Man geht oft in Resonanz mit dem, was dort passiert und verfolgt diese Geschichte und nimmt unter Umständen die Stimmung auf. Plötzlich sieht man die „Welt" dann durch diese Stimmung, was wiederum zu einer Emotion werden kann.

Emotionen sind eng verbunden mit Körper und Geist. So kann man feststellen, dass sowohl der Geist Einfluss auf die Gefühle und auf den Körper hat, als auch die Gefühle den Geist und den Körper beeinflussen. Gibt der Körper einen Unwohlsein-Reiz an das Gehirn, dann beeinflusst das auch unsere Gefühle und unsere Gedanken. Körper–Geist–Seele sind also miteinander verbunden.

Antonio Damasio sagt, dass Gefühle die jeweiligen Lebens- und Körperverfassungen in die Sprache des Geistes übersetzen. Wobei Traurigkeit verbunden ist mit verminderter Vorstellungsfähigkeit bei gleichzeitig erhöhter Aufmerksamkeit für einzelne Vorstellungen, wohingegen ein intensives Glücksgefühl geprägt ist von einer schnellen Vorstellungsfolge bei kurzer Aufmerksamkeitsspanne (*14).

Was heißt das genau? Traurigkeit führt uns ins Detail und bleibt auch lange dort hängen. Bei einem intensiven Glücksgefühl beißen wir uns nicht so sehr an Details fest. Unsere Gedanken eilen schneller voran, und streifen wir im Glücksgefühl einmal einen negativen Gedanken, dann bleiben wir nicht lange dabei.

Das ist übrigens eine Eigenschaft, die man sehr gut bei Menschen beobachtet, die man als „Glückspilze" bezeichnet. Jene Menschen sind oft sehr sympathische Menschen, die scheinbar nur Glück haben. Lola sind diese in ihrer Zeit als Krankenschwester sehr häufig in Gestalt von Zivis begegnet, jene jungen Männer, denen man meistens nicht böse sein konnte. Natürlich passierten diesen auch unangenehme Dinge, auch jene Menschen haben Pech, da sie jedoch nicht so tief in das Gefühl gehen und sich nicht mit diesen Details aufhalten, erleben sie das Leben insgesamt auch leichter und unbeschwerter. Der einzige Unterschied zwischen einem „Glückspilz" und einem „Pechvogel" ist letztendlich die Einstellung.

Der Unterschied im Tempo kann uns helfen, aus einer negativen Stimmung herauszukommen. Beobachten Sie sich, wenn Sie traurig sind. Wir haben dann ein sehr langsames Tempo. Nehmen Sie sich in diesem Moment eine Aufgabe vor, am besten etwas, bei dem Sie sich körperlich anstrengen. Nehmen Sie sich zum Bespiel vor, das Bad zu putzen und zwar in kürzerer Zeit als üblich. Brauchen Sie normalerweise eine Stunde dafür, versuchen Sie es nun in einer halben. Manchen Leuten hilft es auch, dabei schnelle Musik zu hören, also Musik, die nicht gerade entspannend ist.

Wenn wir traurig gestimmt sind, ist unsere Energie oft sehr niedrig. Oder anders herum gesagt, wenn unsere Energie niedrig ist, sind wir oft traurig gestimmt. Unser Kopf sucht nach einer Begründung für die niedrige Energie und dann suchen wir uns einen Grund . . .

Lassen wir uns von den emotional besetzten Reizen leiten, handeln wir vor allem auf der Ebene, die in der Transaktionsanalyse das Kind-Ich genannt wird.

Natürlich führt uns ein Reiz sicher auch zu Reaktionen im Erwachsenen-Ich, diese Reaktionen machen uns ja oft keine Schwierigkeiten. Bewegen wir uns im Kind-Ich, so reagieren wir meist aus einer nicht-mächtigen (ohnmächtigen) oder nicht-autonomen (abhängigen) Perspektive. Nach der Transaktionsanalyse befindet sich das Kind-Ich permanent

in dem Zustand von „Ich bin nicht OK." Das Erwachsenen-Ich hingegen bewegt sich in dem Zustand von „Ich bin
OK." Eine gelingende Kommunikation findet auf der Basis
statt „Ich bin OK, Du bist OK".

Bewegen sich beide Gesprächspartner auf diesem „Teppich", ist die Wahrscheinlichkeit, dass die Kommunikation
gelingt, sehr viel höher. Dann werden Informationen ausgetauscht, das Gespräch ist sachlich und führt zu Ergeb-
nissen. Mit Menschen, mit denen wir Wertschätzung teilen,
arbeitet es sich viel leichter.

Stimmungen

Gehen wir weiter zu den Stimmungen. Stimmungen sind
deutlich flexibler und weniger massiv als Gefühle, sie
wechseln deutlich rascher.

Stimmungen sind hoch infektiös!

Lola: „Ich erinnere mich noch genau an meine Zeit im
Krankenhaus, morgens 06:15 Uhr, die Mitarbeiter des
Frühdienstes erscheinen. Die wenigsten sind wahnsinnig
gut gelaunt, alle reißen sich zusammen und warten auf die
letzte Kollegin. Diese kommt, wahrscheinlich fünf Minuten zu spät, und lässt sich stöhnend auf ihrem Stuhl nieder:
,Boah! Ich habe keine Lust heute!'"

Was passiert in dem Moment mit der Stimmung von allen anderen? Natürlich! Sie geht rapide nach unten. Selbst,
wenn Sie ein positiver Mensch sind. Selbst, wenn Sie den
ganzen Tag über gut gelaunt bleiben, es kostet Sie Kraft,
gegen diese Stimmung den ganzen Tag anzugehen.

Lola: „Ich habe einmal ein Team trainiert, in dem es eine
ausgebrannte Kollegin gab. Das Team berichtete, dass an
den meisten Tagen die Stimmung der Kollegin so schwer
sei, dass es die Arbeit erleichtern würde, wenn sie gar nicht

da wäre. Die Belastung für das Team durch die Stimmung der Kollegin war stärker, als der höhere Arbeitsaufwand durch ihr Fehlen."

Stimmungen färben ab

Überall, wo wir uns aufhalten sind wir Stimmungen ausgesetzt und manchmal ist es äußerst schwierig herauszufinden, was davon wirklich zu uns gehört. Wir sind anfällig dafür, fremde Stimmungen in unser Leben einzustricken. Unser Kopf versucht, eine Stimmung zu orten, einzusortieren. Dann sucht er Gründe, warum wir jetzt ängstlich, wütend, traurig usw. sind.

In jedem Leben gibt es Ereignisse, die einen in eben jene Emotion versetzen, es gibt sehr, sehr viele Gründe, sich so oder anders zu fühlen. Was dann kommt, ist das altbekannte Thema, die Geschichten, die wir schreiben könnten, sind vielfältig.

Ich gehe in einen Laden, die Verkäuferin begrüßt mich mit dem üblich süß-sauren „Was kann ich für Sie tun?" Sie kennen das sicher, dieser Satz sticht uns wie ein Messer. Sie tut äußerlich das Richtige, sie benutzt die richtigen Worte, hätte sie das Messer weggelassen, würden wir uns auch freuen.

Mit ihren Worten sendet sie uns jedoch auch eine Stimmung. Ich verlasse den Laden und fühle mich angespannt. Dann frage ich mich, warum? Was ist los? Also scanne ich mein Leben durch. In welchem Bereich könnte irgendwas nicht stimmen? Also bleibt mein Kopf bei meinem Mann hängen. Männer eignen sich hervorragend, um Schuld zu sein an irgendwas. Männer tun aus Frauensicht allerlei Dinge, die wir nicht verstehen und die wir unglaublich geschickt so umdrehen können, damit wir sauer auf sie sind.

Unglaublich viele Auseinandersetzungen in Beziehungen entstehen genau aus diesem Grund. Jemand ist sauer, warum auch immer und sucht nach einem Grund, sauer zu sein. Oft entstehen Stimmungen aus den verschiedensten Gründen. Manchmal, weil wir müde sind, manchmal, weil wir den Wert von dem, was wir tun, gerade nicht sehen, manchmal, weil wir den Bezug zu uns verlieren.

Anstatt Gründe und Schuldige für unsere miese Stimmung zu suchen, übernehmen wir Verantwortung und fragen uns: „Was brauche ich jetzt, damit es mir besser geht?" Manchmal ist es einfach, manchmal schwer, das herauszufinden. Weil unser Kopf uns dazwischenfunkt und immerzu kluge Sachen von sich gibt . . .

Spiegelneuronen – die physiologische Grundlage für Empathie

Spiegelneuronen sind aktiv, wenn wir die Stimmungslage unseres Gegenübers mitempfinden. Sie kennen das sicher, wenn Sie einem Menschen begegnen, der zum Beispiel traurig ist, können Sie diese Traurigkeit empfinden. Was passiert, ist relativ simpel. In dem Moment, in dem wir unser Gegenüber wahrnehmen mit seinen Gefühlen, passiert in unserem Gehirn der gleiche Vorgang wie im Gehirn des Menschen, der traurig ist. Das ist die Grundlage für Empathie.

Empathie wird schon in der Kindheit trainiert. Wenn Kinder Rollenspiele spielen und das Leben nachspielen, dann werden die Spiegelneuronen entwickelt. Das ist kein Zustand, den wir irgendwann erreichen und der statisch bleibt. Auch im späteren Leben können wir durch Rollenspiele Empathie üben und Handlungs- und Empfindungsmöglichkeiten durchspielen.

Im Kommunikationstraining ist deshalb das Rollenspiel ein so effektives Instrument, weil wir uns dort die Wirkung unserer Kommunikationsmodelle bewusst machen und neue Handlungsmöglichkeiten ausprobieren können. Dabei machen wir eine Erfahrung, die tiefer geht als nur theoretisches Wissen.

Joachim Bauer (*15) spricht von einer Resonanz, die wir im sozialen Kontext erleben und die wir vor allem suchen. Seiner Auffassung nach ist sie Grundlage für das Knüpfen von Verbindungen und für das Zugehörigkeitsgefühl. Also sind Resonanzphänomene die Grundlage, damit Verbindung, Nähe und das Gefühl der Zugehörigkeit entstehen können.

„Sie sind die Grundlage dafür, dass sich die Individuen einer Art untereinander verstehen, sich als einander zugehörig erkennen und ihr Verhalten auf vielfältige Weise intuitiv aufeinander abstimmen können." (*16)

Wenn also Stimmungen von anderen Menschen in unserem Körper Reaktionen auslösen, dann ist es wahrscheinlich, dass wir fälschlicherweise glauben, dass es unsere eigenen Stimmungen sind. Deshalb passen sich in einer Gruppe alle Mitglieder mit ihrer Stimmung aneinander an. Hierbei sind negative Stimmungen deutlich stärker als positive. In einem Team können zwei negativ gestimmte Mitglieder deutlich schneller die Stimmung nach unten ziehen, als zwei positiv gestimmte sie nach oben ziehen können.

Oft beschäftigt sich ein Teamleiter mehr mit den Teammitgliedern, die „Probleme" bereiten, als mit dem Rest des Teams, das seine Arbeit gut macht.

Lola: „Ich habe einmal das Team einer Intensivstation trainiert, das auf den ersten Blick sehr negativ erschien. Als ich versuchte herauszufinden, was da los ist, stellte ich fest, dass die meisten Teammitglieder motiviert waren. Viele junge Kollegen wollten auf Fortbildungen Gelerntes in die tägliche Arbeit mit einfließen lassen. Einige ältere Kollegen fanden das auch gut und unterstützten sie. Eigentlich gab es nur zwei Kollegen, die Miesepeter waren. Diese hatten die ganze Aufmerksamkeit der Teamleitung, die verzweifelt versuchte, etwas zu verändern."

Sigal Barsade (*17) von der Yale University untersuchte die Bedeutung von Stimmungen in Teams und spricht von einer Verseuchung durch Stimmungen. Sie fand heraus, je mehr Aufmerksamkeit eine Stimmung bekommt, desto größer ist die Verseuchung.

Teams, die in einer positiven Atmosphäre zusammenarbeiten, sind deutlich effektiver und arbeiten unter weniger Stress und Druck als solche, die den Launen und Stimmungen einzelner oder gar des Chefs ausgesetzt sind. In einer positiven Stimmung, in der Freude und Vergnügen dominieren, ist erfahrungsgemäß die anstehende Arbeit viel leichter zu bewältigen.

Wir trafen einmal zwei Mitarbeiterinnen aus einem Team, das wir trainierten, die uns freudestrahlend erzählten: „ Stellt Euch vor, gestern waren wir nur zu zweit, es war Hölle viel zu tun, aber wir haben alles gegeben wie in einem Länderspiel. Wir haben alles geschafft und am Ende haben wir abgeklatscht!"

Normalerweise benötigt man in dieser Abteilung vier bis fünf Leute, um die Arbeit gut zu bewältigen. Vielleicht haben die beiden auch nicht alles erledigt, was normalerweise erledigt werden muss. Aber sie waren guter Stimmung und hatten Spaß miteinander. Und das war es, was die Arbeit leichter machte.

Teams in Krankenhäusern bestätigen es immer wieder: Es ist nicht allein die Arbeit, die anstrengend ist. Jeder in der Pflege weiß, dass die Arbeit fordernd ist. Hauptsächlich belastend sind die menschlichen Schwierigkeiten innerhalb des Teams. Wirklich belastend ist die schlechte Stimmung innerhalb des Teams. Was die Arbeit schwer macht, sind die Jammerlappen und Miesepeter, diejenigen, die einfach nicht wirklich mitspielen.

Negative Stimmungen haben scheinbar mehr Macht

Warum bekommen aber diese Miesepeter und Nöckerfritzen so viel Macht? Weil sie am meisten Aufmerksamkeit bekommen.

In einem Team gibt es immer zwei Pole: den positiven Pol, dort finden Sie die optimistischen, fröhlichen und engagierten Mitarbeiter, den negativen Pol, da finden Sie die Miesepeter und Nöckerfritzen. Jeder Pol besteht meist aus mehreren Personen. Dazwischen gibt es eine undefinierte Masse. Der Pol, der mehr Aufmerksamkeit bekommt, wird am stärksten. Aber auch Teamleitungen beschäftigen sich vor allem mit dem, was nicht funktioniert . . . also mit den Nöckerfritzen . . .

Lola: „Die negativen Stimmungen erscheinen auf den ersten Blick intensiver als die positiven. Als ich in der größten Krise meines Lebens steckte, kam es oft vor, dass ich heulend auf meinem Bett lag. In einem wachen Augenblick wurde mir klar: Was ich gerade durchmache, erscheint mir als das Intensivste, was ich kenne: Ich spüre meinen Körper, meine Seele, es schien so, als ob ich mich im Leid am lebendigsten fühlte. Als mir das klar wurde, beschloss ich übrigens, dass sich das ändern sollte."

Negative Stimmungen und Gefühle fordern uns zu Handlungen auf. Wenn alles in Ordnung ist, brauchen wir ja nichts verändern.

Das Glücksgefühl braucht mehr Aufmerksamkeit und Pflege! Es wird sehr schnell alltäglich und selbstverständlich. Es ist manchmal sehr einfach. Machen Sie folgende Übung:

Nehmen Sie ein Ereignis, einen Menschen, ein Erlebnis aus Ihrem Leben, für das Sie dankbar sind. Denken Sie einige Augenblicke darüber nach und beobachten Sie, was mit Ihnen passiert. Sind sie aufgeregt? Sind Sie entspannt? Ist es unangenehm oder angenehm? Schreiben Sie jetzt Stichworte auf, die Ihre Verfassung beschreiben, bevor Sie weiter lesen . . .

Die Teilnehmer unserer Seminare beschreiben es so:
→ es ist angenehm,
→ macht mich zufrieden,
→ es wird mir warm ums Herz,
→ ich muss automatisch lächeln,
→ ich denke an noch mehr gute Dinge in meinem Leben,
→ es ist entspannend.

Wir fragen dann immer: „Wie lange haben wir jetzt dafür gebraucht?" Die Antwort ist: eine halbe Minute; einen Augenblick.

Jeder kann Stimmungen sofort verändern. Wenn Sie sehr schlecht gelaunt aus dem Haus gehen und an der nächsten Straßenecke passiert ein Unfall, können und wollen sie helfen. Was ist in dem Moment, in dem Sie helfen mit Ihrer schlechten Laune?

Sie ist verschwunden, weil Sie sich gerade auf etwas anderes konzentrieren. Schauspieler haben das Wechseln der Stimmungen professionalisiert. Jedoch jeder Mensch kann das!

Da jedoch die negativen Stimmungen oft vorherrschen und wir den Eindruck haben, die negativen Stimmungen sind echt, wahr und gehören zu uns, ist es so schwierig, eine negative Stimmung unberührt vorbeiziehen zu lassen.

MEINUNGEN

Wir wachsen damit auf, Meinungen über Menschen zu haben. Wir teilen die Menschen in sympathisch oder nicht sympathisch ein. Jeder tut es und man glaubt, dass es richtig und wichtig ist, Meinungen zu haben. Man rühmt sich einer guten Menschenkenntnis, wenn man Menschen schnell in Schubladen einsortieren kann. Ja, es ist doch jedes Mal ein richtiges kleines inneres Fest, wenn sich unsere „Einschätzung" bestätigt hat.

Damit meint man sich vor schlechten Erfahrungen zu schützen. Tatsache ist, dass man damit jegliche, also auch die guten Erfahrungen ausklammert. Nur, wenn wir neugierig auf Menschen zugehen und offen sind, können wir auch lebendige Begegnungen erleben. Meinungen, die wir über Menschen haben, setzen einen Ton in der Begegnung.

Meinungen sind so etwas wie Vorurteile, die wir aufgrund von Erfahrungen oder Bildern bilden, die wir über Menschen haben. Je schneller wir Menschen aufgrund von Verhalten, Benehmen oder auch Äußerlichkeiten in „Schubladen" packen, desto mehr sind wir mit Meinungen beschäftigt. Als Coaches haben wir keine Meinungen über unsere Klienten. Wir fokussieren uns auf die Brillanz und das Potenzial von Menschen. Deshalb können Menschen ihr Potenzial entfalten, weil sie jemanden an ihrer Seite haben, der an sie glaubt.

Auch in der Schule erleben wir, dass Lehrer Meinungen über Schüler haben. Das prägt deren Lernverhalten und ihr gesamtes Verhalten in der Klassengemeinschaft. Schüler übernehmen Rollen, in die sie von den Lehrern gelenkt werden. Vielleicht haben auch Sie die Erfahrung gemacht, dass Noten in einem bestimmten Fach davon abhängig waren, welche Meinung der Lehrer über Sie hatte.

Lola: „Ich habe kürzlich von einer Mutter folgende Geschichte gehört über ihrer siebenjährigen Tochter. Das Mädchen ist als Frühchen auf die Welt gekommen und war immer ein ‚Sorgenkind'. Durch die Veränderung der Einschulungsregel musste das Mädchen als im Juni geborenes Kind mit sechs Jahren eingeschult werden. So ist sie nun in der zweiten Klasse.

Die Lehrerin, gut informiert über die Entwicklungsverzögerung des Kindes, hatte sich schon eine Meinung darüber gebildet. Dementsprechend hatte das Mädchen auch Probleme in der Schule und bei den Hausaufgaben und wollte die Schule nicht mehr besuchen.

Dann wurde die Klassenlehrerin krank, das Mädchen bekam eine neue Lehrerin, die von der Mutter erst mal nicht ganz so gut informiert wurde. Als die Mutter mit der neuen Lehrerin sprach, zeigte sich, dass diese eine ganz andere Meinung über das Mädchen hatte. Sie sah vor allem ihr Potenzial. Sie sah zwar, dass sie oft mehr Zeit benötigte als die anderen, sie sah aber auch, dass sie eine große Liebe zum Detail hatte. Sie sagte der Mutter: ‚Ihre Tochter wird ihren Weg gehen!' Bei dem Mädchen zeigte sich deutlich, dass sie die Hausaufgaben plötzlich zügiger erledigte und auch gerne in die Schule ging und auch freudig wieder nach Hause kam. Es wundert mich nicht . . . Wer geht schon gerne zu jemandem, der einen für einen Problemfall hält . . .“

In dem Musical »My fair Lady« versucht der Sprachwissenschaftler Professor Higgins aus dem Blumenmädchen Eliza Doolittle eine Lady zu machen. Es gibt eine Szene, in der Eliza Doolittle auf einen Oberstleutnant trifft. Sie sagt zu ihm: „Oberstleutnant, bei Ihnen werde ich immer eine Lady sein, weil sie mich wie eine Lady behandeln. Bei Professor Higgins werde ich immer ein Blumenmädchen sein, weil er mich wie ein Blumenmädchen behandelt."

Doch Meinungen sind nicht nur Teil der Atmosphäre, die wir kreieren, sondern erzeugen auch ein Verhalten: mein Verhalten dem Kommunikationspartner gegenüber und auch das Verhalten meines Gegenübers. Halte ich einen Menschen für ungeschickt, dann werde ich vor allem seine Ungeschicklichkeit bemerken.

Im Krankenhaus findet man das Phänomen von Meinungen vor allem in der Übergabe. Stellen sie sich eine Übergabe auf einer Wochenstation vor. Es beginnt folgendermaßen: „Wir haben einen Neuzugang auf Zimmer 495. Erstgebärende, 42 Jahre, Lehrerin . . . mit Doppelnamen und ihr Mann ist Jurist". Für Krankenschwestern wird mit diesen Informationen sehr oft gleich ein Bild bzw. eine Meinung erzeugt, weil man den Begriffen Verhaltensweisen oder Wertungen zuordnet.

Zum Beispiel:

42 Jahre alt, das ist eine Spätgebärende, die sind immer viel empfindlicher als die jungen Mütter, Erstgebärende vor allem! Lehrerinnen wissen alles besser und die mit dem Doppelnamen sind auch immer umständlich und humorlos. Ihr Mann ist Jurist, na, der wird gleich mit jeder Beschwerde vor Gericht gehen.

Diese Frau hat kaum noch eine Chance, dass es ein glückliches Ende nimmt.

Wenn ich nun in dieses Zimmer gehe, ist mein „Guten Tag, was kann ich für Sie tun?" sicherlich etwas verhaltener als sonst. Ich gehe nicht freudestrahlend auf diese Frau zu, weil ich ja unterbewusst, oder manchmal auch bewusst, erwarte, dass sie Ärger macht.

Deshalb bin ich in meiner ganzen Erscheinung zurückhaltend bis angespannt. Die Lehrerin nimmt vor allem meine Zurückhaltung wahr, sie kann ja meine Gedanken nicht lesen. Jedoch was sie mitkriegt, ist, dass ich etwas zurückhalte. Daraufhin wird ihr nächster Gedanke sein: OK, hier muss ich um mein Recht kämpfen! Und dann beginnt der Ärger.

Lola: „Ich habe mal in einem Training für Arzthelferinnen eine Teilnehmerin gehabt, die eine sehr positive Ausstrahlung hatte. Sie schilderte mir folgende Situation:

‚Ein Ehepaar kommt in die Praxis und möchte einen Termin für den Tag haben. Den bekommen sie auch, da sie Privatpatienten sind. Allerdings sollen sie sich noch etwas gedulden und solange im Wartezimmer Platz nehmen. Das taten sie schon mal nicht. Sie drückten sich im Vorraum rum und schienen die Bilder zu betrachten. Natürlich gingen einige Patienten an ihnen vorbei. Langsam wurden die beiden ungeduldig und kamen wieder zur Arzthelferin und fragten, was denn nun sei, ob sie denn auch noch dran kämen. Ein Wort ergab das andere und sieben Minuten später verließen die beiden unverrichteter Dinge die Praxis.'

Die Arzthelferin fragte mich: ‚Was habe ich da falsch gemacht?' Meine erste Frage war: ‚Was war ihr erster Gedanke, als die beiden zur Tür herein kamen?' Die Antwort kam mit einem schuldbewussten Gesicht: ‚Oh Gott, Privatpatienten . . . Das gibt Ärger!' Kein Wunder, dass die Situation so endete. Es war sozusagen schon als Programm eingespeichert. Es wird Ärger geben."

Die Meinung der Arzthelferin wurde für das Ehepaar spürbar. Sie reagierten wiederum angespannt und in Hab-Acht-Stellung. Die Arzthelferin hielt etwas zurück (ihre Meinung, was in dem Fall auch richtig ist), das Ehepaar nimmt wahr: die hält was zurück, die ist nicht offen zu uns, hier müssen wir kämpfen.

Wir nehmen Menschen durch unsere Brille wahr. Diese Brille ist durch Erfahrungen, Einflüsse und Konzepte entstanden, die wir uns im Laufe eines Lebens aneignen. Die Brille wird auch geprägt aus Meinungen von Menschen in unserem Umfeld, plötzlich erscheint ein Verhalten skurril oder unangemessen, weil die Menschen um uns herum eine Meinung darüber haben.
Wir glauben, dass das die Wirklichkeit ist.
Wenn wir anfangen, unsere Meinungen loszulassen und hinter die Dinge schauen, dann wird sich eine wunderbar friedliche Welt zeigen, in der es wirklich interessante Menschen gibt.

Wir halten an unseren Meinungen fest, weil wir glauben, dass das alles real sei. Weil wir glauben, wir müssten zu allem eine kritische Meinung haben und weil wir gewohnt sind, alles in gut und böse einzuteilen. Das trennt uns von den Menschen und führt uns letztendlich zu mehr Unglück, Sorgen, Neid usw. Wir verlieren dadurch eine gewisse Souveränität im Umgang mit Menschen und die Möglichkeit, das zu erreichen, was wir uns wünschen.

Letztendlich ist das Geheimnis von guten Coaches, dass sie wirklich das Potenzial von Menschen erkennen und eine positive Haltung den Klienten gegenüber haben. Dass sie mehr sehen, als die Klienten selbst und dass sie ihnen dadurch helfen, große Ziele zu erreichen.

Sie kennen es vielleicht selbst: man spürt, meistens, ob einen das Gegenüber schätzt oder nicht. Für eine gelingende Kommunikation ist es nur förderlich, eine gute Meinung über den Kommunikationspartner zu haben.

Wie verhindern wir es, Meinungen zu haben?

Es gibt zwei Möglichkeiten, keine Meinung zu haben. Die erste ist, neugierig zu sein auf den Menschen, und die zweite ist, erst einmal davon auszugehen, dass der andere brillant ist, ein Genie ist. Wenn wir uns darauf einlassen, den Menschen als Strom von Ereignissen zu sehen und immer wieder beobachten, wie sich unser Gegenüber verändert, lösen sich unserer Erfahrung nach Meinungen recht zügig auf.

SUBTEXT

Aus der inneren Haltung, unserem Fokus, unseren Gedanken und Überzeugungen sowie unseren Meinungen entsteht unsere Vibration und somit unsere Ausstrahlung.

Das nennen wir den Subtext, den wir mit unseren Worten unterschwellig mittransportieren. Im Theater gibt es den Subtext. Eine Technik, die Intensität und Authentizität erzeugt. Subtext heißt, wir legen einen Satz in Gedanken unter einen gesprochenen Satz.

Letztendlich benutzen wir in den meisten Situationen Subtext. Im Theater tun es Schauspieler bewusst, als Technik. Im normalen Leben tun wir es meist unbewusst.

Auch Handlungen unterlegen wir unbewusst mit einem Subtext. Sehen kann man das ganz extrem bei Menschen, die lustlos und gelangweilt ihre Arbeit verrichten und mit einer einfachen Handlung zum Beispiel sagen: „Ihr könnt mich alle mal." Trotz, Wut oder Langeweile sind häufig und deutlich erkennbar.

Das Tragische ist, dass es uns meistens nicht einmal bewusst ist und wir es oft nicht nachvollziehen können, wenn uns jemand darauf hinweist. Letztendlich wundern wir uns nur, warum alle plötzlich so aggressiv sind oder so freundlich oder was auch immer.

Wir sagen: „Mach mal bitte die Türe zu." Erkennbar wird der Subtext nicht nur, aber oft an unseren Betonungen. Neben den Informationen, die die Worte transportieren, hören wir zum Beispiel noch: „. . . immer lässt Du die Türe auf!" oder „Du Schussel, kannst Du nicht daran denken?"

Wir reagieren viel schneller auf den Subtext, als auf das gesprochene Wort. Wir hören die Genervtheit, die Ungeduld oder die Aggression.

Wenn wir unsere Handlungen, Worte und Taten mit Wertschätzung untermalen, wenn wir in unseren Begegnungen dem anderen unter oder hinter den Worten transportieren, dass er wunderbar, akzeptiert und gemocht ist, dann erzeugen wir Wohlwollen und Wertschätzung. Das ist die Grundlage für eine gelingende Kommunikation. Das ist die Grundlage für die Verbindung zu anderen Menschen. Das wird Wert, Qualität und Lebendigkeit in unsere zwischenmenschlichen Beziehungen bringen.

Das jedoch können wir im Endeffekt nicht durch eine Technik erzeugen. Es gelingt nur, indem wir unser Gegenüber wertschätzen, also akzeptieren wie er oder sie ist. Erleben Menschen die volle Akzeptanz, wenden sie sich dem anderen zu und beginnen zu kooperieren.

DIE KLASSISCHEN LUFTVERPESTER:

Es gibt einige Kommunikationsgewohnheiten, die garantiert Verbindung und Kooperation verhindern. Diese Luftverpester erzeugen in der Regel unangenehme Gefühle wie Abwehr, Rückzug oder Misstrauen. Vor allem tun sie eines nicht: Kooperation und Verbindung aufbauen.

Wir gehen davon aus, dass die wenigsten Menschen diese „kommunikativen Luftverpester mit Absicht benutzen, sondern vielmehr aus Gewohnheit und weil man es nicht anders weiß.

Wenn man die Wirkung dieser „kommunikativen Luftverpester" einmal bewusst wahrnimmt, wird einem sehr schnell klar, dass dabei die Kommunikation sofort abbricht.

Launen verbreiten oder sich schlecht fühlen
Wie schon weiter oben erwähnt, sind schlechte Launen (das vor allem verstehen wir unter Launen), Luftverpester Nummer eins.

Dabei brauchen wir nicht einmal jemanden direkt zu meinen. Schlechte Launen sind schlechtes Benehmen. Wir gehen ja auch nicht mit dreckigen Schuhen in eine saubere Wohnung!

Ratschläge

In unzähligen Übungen in unseren Seminaren berichten Teilnehmer immer wieder, dass Ratschläge unangenehm sind und eher Rückzug und ein Sich-falsch-fühlen zurücklassen.

Vor allem tun sie eines nicht, sie bringen Menschen nicht dazu, etwas in ihrem Verhalten zu verändern. Manchmal hat man Glück, dann hat man eine gute Verbindung zu einem Menschen und die Menschen nehmen es uns nicht übel. Dann, wenn unsere Verbindung zu Menschen stabil ist, dann sehen wir über so manche kommunikativen Luftverpester hinweg.

Jammern

Wir sind es gewohnt zu jammern und uns zu beklagen. Alle tun dies. Jammern bedeutet, sich halbherzig über etwas zu beklagen. Sie kennen den Sound des Jammerns, oder? Er hat Ähnlichkeit mit dem Geräusch eines defekten Keilriemens. Halb quietschig, immer mit dem Drang nach vorne und sich doch wieder zurückhaltend. Sehr unangenehm!

Was bewirkt jammern?

Alle fühlen sich schlecht dabei! Und weil es kaum auszuhalten ist, stimmen wir dann schnell mit ein …

Jammer Dich frei!

Manchmal kann jammern helfen, den Druck loszuwerden, der in bestimmten Situationen entsteht. Dann aber bitte nur unter drei Bedingungen:

→ Machen Sie vorher eine klare Ansage.

→ Grenzen Sie ihr Jammern zeitlich ein. Nicht länger als 2 Minuten!

→ Halten Sie in den zwei Minuten nichts zurück! Legen sie volle Lotte los, seien Sie nicht realistisch! Am besten Sie übertreiben.

Sich beschweren und lästern

Hierbei führen wir die Atmosphäre wiederum ins Negative. Wir sorgen dabei nicht für eine heitere Stimmung, sondern legen den Fokus auf das Problem. Oder wie Don Miguel Ruiz es beschreibt, wir machen unseren Geist empfänglich für negatives Gedankengut. So fällt alles, was wir damit anderen antun, wieder auf uns selbst zurück.

Es gibt eine Bewegung in Amerika, die heißt »A Complaint Free World«, übersetzt »Eine Welt ohne Beschwerde«. Reverand Will Bowen hat vor einigen Jahren diese Bewegung gegründet und nach etwas gesucht, was die Leute in seiner Kirche wirklich unterstützt, ein besseres Leben zu führen. So bestellte er lila Armbänder und erfand ein Spiel, oder besser gesagt eine Übung. Da es 21 Tage dauert, bis der Mensch sich eine neue Gewohnheit angeeignet hat, besteht die Aufgabe darin, 21 Tage lang sich nicht zu beschweren, nicht zu lästern und nicht zu jammern.

Es ist nicht einfach. Die meisten Menschen brauchen ungefähr vier bis zehn Monate. Jedes Mal, wenn ich merke, dass ich mich beschwere, wechsle ich das Armband von dem einen Handgelenk zum anderen. Auch wenn ich merke, wie andere jammern und ich sie darauf aufmerksam mache, wechsle ich das Handgelenk.

Die Menschen berichten, dass das Leben glücklicher und angenehmer wurde. Will Bowen geht davon aus, dass unsere Gedanken unsere Welt kreieren.

Je mehr negative Gedanken wir verteilen, umso mehr Negatives wird in unser Leben treten. Beschwerden fokussieren uns auf das Problem, nicht auf die Lösung. Sein Ziel ist es, 60 Millionen Menschen auf der ganzen Welt für diese Übung zu gewinnen. Das wäre ein Prozent der Weltbevölkerung, die die Welt verändern. Zurzeit sind schon über 6 Millionen Armbänder verschickt worden.

Das Motto ist: „Wenn Dir etwas nicht gefällt, dann ändere es! Wenn Du es nicht ändern kannst, dann ändere Deine Einstellung dazu!" (www.acomplaintfreeworld.org)

Kritisieren

In unserer Fehlerfahndungsmanie glauben wir, es sei wichtig, dass wir den anderen auf Fehler hinweisen.

Wohin führt Kritisieren? Fühlt man sich danach ermutigt, motiviert? Hat man danach den Kopf frei für eine Lösung? Unsere Erfahrung ist, dass das alles nicht passiert. Wenn wir kritisiert werden, wird in uns ein *Ich bin nicht in Ordnung* angetickert. Das wiederum erzeugt Stress. Unter Stress entwickeln wir keine Lösungen. Das Gehirn ist nicht in der Lage, neue Handlungsweisen zu entwickeln. Wir sind vor allem mit dem Kampf beschäftigt, nicht mit einer Lösung.

Wir gehen dann auf Abwehr. Es entwickelt sich der Mechanismus: *Ich bin nicht OK – das kann nicht sein – Du bist nicht OK* usw. Also werden wir wütend. Wir wollen nicht mit dem Gefühl *Ich bin nicht OK* konfrontiert werden.

Die Wahrheit sagen, oder was wir dafür halten

Natürlich ist es nicht immer falsch, die Wahrheit zu sagen, aber manchmal ist es einfach nicht notwendig und verunsichert den anderen. Beispiel: Wir treffen eine Frau, die ein Kleid trägt, das ihr unserer Meinung nach nicht steht, in dem sie sich aber sehr wohlfühlt. Wenn wir dann unsere Meinung kundtun, wird sie sich von dem Moment an unter Umständen unsicher und schlecht fühlen und für niemanden ist damit die Situation besser geworden.

Sich rechtfertigen

Sobald ich mich rechtfertige für etwas, was ich getan habe, gehe ich ins Argumentieren. Dies ist auch eine Form, Recht haben zu wollen, da ich den anderen davon überzeugen möchte, dass ich aus gutem Grund so gehandelt habe. Beim Argumentieren bewegen wir uns auf der Ebene des Intellekts und auf dieser Ebene finden wir keine Verbindung, sondern Auseinandersetzung. Energetisch betrachtet führt das Rechtfertigen zu Energieverlust.

Also auch hier:

keine Lösung, weniger Verbindung und weniger Energie.

Interpretieren und Annahmen treffen

Interpretationen und Annahmen entsprechen nicht sehr oft der Wahrheit, also dem wirklich Messbaren. Sie entstehen, weil wir Zusammenhänge erschaffen haben, die der andere vermutlich nicht erschaffen würde. Es führt sehr schnell dazu, dass unser Kommunikationspartner sich missverstanden und nicht gesehen fühlt, was wiederum am Ende zu Wut und Abwehr führt.

Recht haben

Recht haben killt jede Kommunikation! Es ist meist unser Ziel, Recht zu haben, aber es führt nicht zu Verständigung, Lösung und Zusammenarbeit. Meistens führt es zu Debatten, Diskussionen und Streit. Es verbindet nicht, es trennt. Kennen Sie diese Diskussionen, die irgendwann an den Punkt gelangen, dass jeder Recht haben will, aber keiner dem anderen wirklich zuhört? Daraus entstehen keine Lösungen, keine Verständigung, keine Verbindung.

Wenn Sie die oben stehende Liste einmal aufmerksam betrachten, dann werden Sie feststellen, dass wir im kommunikativen Alltag oft die Luft verpesten! Wir erzeugen Trennungen, wo wir uns eigentlich Verbindungen wünschen, weil wir es nicht anders gelernt haben und in die Muster der anderen einsteigen, anstatt etwas Neues zu kreieren.

KOMMUNIKATIONSMUSTER

Muster sind immer wiederkehrende Verhaltensweisen, die auch immer wieder dieselbe Wirkung erzeugen. Deshalb scheint uns mit bestimmten Menschen oder in bestimmten Situationen immer wieder dasselbe zu passieren. Jeder hat seine Muster. Mal funktionieren sie, mal nicht.

Erst, wenn wir geklärt haben, was wir erreichen wollen und die Wirkung unserer Muster mit unserem Ziel verglichen haben, können wir erkennen, ob unser Muster wirksam ist.

In unseren Seminaren zum Thema »Erfolgreich kommunizieren mit Männern - How To Talk To Men« sehen wir deutlich, wie Muster von Frauen eine Reaktion bei Männern hervorrufen. Im Rollenspiel sehen wir und die Teilnehmerinnen dann sehr deutlich, was eine Frau mit ihrem Muster für eine Wirkung erzeugt.

Wir trainierten einmal mehrere Teams in einem Unternehmen. In diesem Unternehmen kam es häufiger vor, dass Kollegen von der anderen Abteilung etwas ausleihen mussten. Dabei erlebten Mitarbeiter, dass Kollegen der anderen Abteilung aus der schlichten Frage: Könnten wir von Euch Xy ausleihen, erst einmal ein Problem machten. Zum Beispiel sagten sie dann: „Na also ich weiß nicht, wir brauchen das ja gerade nicht, aber vielleicht doch später. Ich muß das erst mal mit dem Team besprechen . . ." Meist handelte es sich um ganz einfache Dinge und das Ausleihen war für viele andere Kollegen kein Problem. Doch einige reagierten auf der Problemebene.

Es gibt Menschen, die auf der Streit- bzw. Kampfebene kommunizieren. Diese Menschen kämpfen mit allen möglichen anderen Menschen. Zum Beispiel an der Supermarktkasse genauso wie mit dem Nachbarn oder den Kindern. Alles hat einen aggressiven Unterton.

Um bewusst mit Kommunikationsmustern zu arbeiten, braucht es immer die eigene Verantwortung. Alles was wir tun, hat ein Ergebnis. In dem Moment, in dem ich die volle Verantwortung für mein Handeln übernehme, werde ich frei. Dann bin ich nicht mehr damit beschäftigt, andere für etwas verantwortlich zu machen, was ich verursacht habe, sondern ändere mein Verhalten, damit ich ein anderes Ergebnis erziele.

Es ist hilfreich, die Muster des anderen zu erkennen.

Wie sie dem Schaubild auf der folgenden Seite entnehmen können, kann man grob in vier Kommunikationsmuster unterscheiden.
→ Kampf / Streit
→ Arbeit / Probleme lösen
→ Spiel
→ Liebe / Friede

Kommunikationsmuster

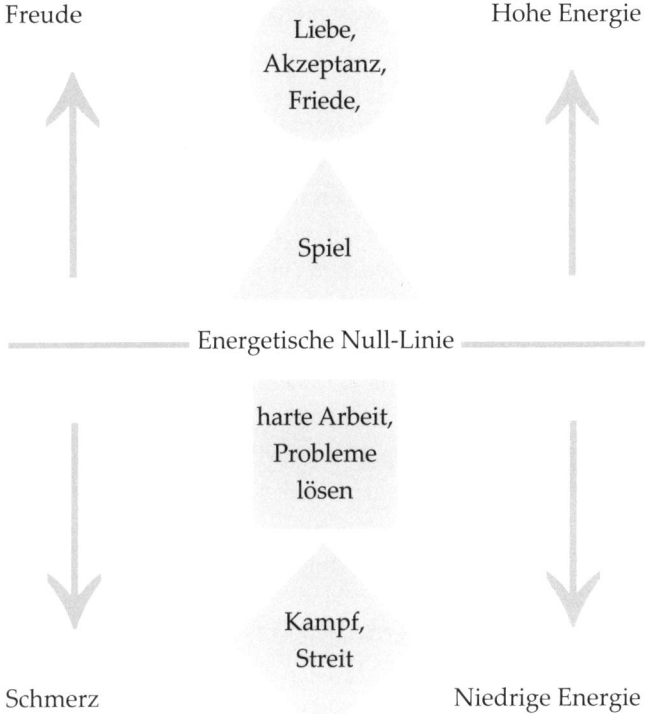

Freude · · · · · · · · · · · · · · Hohe Energie

Liebe,
Akzeptanz,
Friede,

Spiel

———————— Energetische Null-Linie ————————

harte Arbeit,
Probleme
lösen

Kampf,
Streit

Schmerz · · · · · · · · · · · · Niedrige Energie

Die Kommunikationsmuster Kampf und Arbeit führen in den Schmerz, Spiel und Friede führen in die Freude.

Die meisten Menschen sind mit Kampf und Arbeit / Problem lösen beschäftigt. Und in diesem Bereich entstehen die Schwierigkeiten, Missverständnisse und Verletzungen in der Kommunikation. Mit Menschen, mit denen man eine spielerische Art oder gar eine friedliche Art der Kommunikation hat, ist es leicht und angenehm.

Das Ziel ist es also, die Kommunikation in die Freude zu führen, damit man nicht Opfer der Kampfeslust von anderen Menschen ist.

Jeder Mensch hat ein Muster, und wenn wir uns bewusst machen, in welchem Muster wir kommunizieren und aufmerksam sind, welche Muster uns begegnen, können wir leichter eingreifen und die Begegnung angenehmer und leichter gestalten.

In unseren Seminaren werden wir oft ungläubig gefragt: „Aber wenn jemand zu mir unfreundlich oder unverschämt ist, soll ich dann noch nett sein?" Die Antwort ist: Ja! Das ist auch ganz einfach, wenn man nicht das Muster dieser Person bedient, sondern ein anderes eröffnet.

Wobei wir an dieser Stelle kurz erwähnen möchten, dass natürlich ein Muster von Herzlichkeit und Freundlichkeit Sie in den meisten Fällen schneller zum Ziel führt, als eines, dass geprägt ist von negativen, abstoßenden Stimmungen.

Wenn Sie Ihr Ziel kennen und sich in Ihr Gegenüber hineinversetzen, ist es leichter zu erkennen, was es braucht um die Situation zu transformieren.

Die anderen Menschen können wir ja nicht ändern, aber unsere Reaktion auf die Muster der anderen können wir ändern. Sie erinnern sich, wie wir im Kapitel *Wie gestalten wir wertschätzende Kommunikation?* auf die Formel Ereignis + Reaktion = Folge hingewiesen haben? Das Ereignis können wir nicht beeinflussen, wohl aber unsere Reaktion.

Das braucht Übung und dafür möchten wir Ihnen im nächsten Teil des Buches 10 Werkzeuge an die Hand geben, die uns im Alltag helfen, unsere Kommunikation zu gestalten und unsere Begegnungen mit anderen Menschen zu einem freudigen Ereignis machen.

Weil die Werkzeuge uns die Möglichkeit geben, Situationen zu verändern, also zu transformieren, nennen wir sie auch Transformer.

TEIL 3

DIE KOMMUNIKATIONSWERKZEUGE

CONTEMPLATION

ENVIRONMENT – UMGEBUNG

CONNECTION – VERBINDUNG

BEOBACHTEN – WAHRNEHMEN

UNTERSCHEIDEN

FEEDBACK

ANERKENNUNG

NACHGEBEN

PLAYFULNESS – SPIELERISCH SEIN

ZUSAMMENARBEIT – KOOPERATION

DIE KOMMUNIKATIONSWERKZEUGE

Nachdem wir Sie im ersten Teil unseres Buches mit dem Wesen der Kommunikation vertraut gemacht haben, wollen wir Ihnen nun Werkzeuge an die Hand geben, die Ihnen den Umgang mit Menschen in allen Bereichen Ihres Lebens leichter und wertschätzender machen werden, sodass Sie nicht mehr hilflos den Stimmungen, Meinungen und Kommunikationsmustern anderer Menschen ausgeliefert sind, sondern zu Gestaltern einer wertschätzenden Kommunikation werden.

Die einzelnen Werkzeuge stehen für sich. Obwohl wir sie in einer Reihenfolge aufführen, ist die Anwendung eher im Sinne eines Werkzeugkoffers gedacht. Man weiß nicht immer sofort, welches davon in einer bestimmten Situation funktioniert, deshalb geht es vielmehr um ein Ausprobieren bis man die gewünschte Wirkung erzielt hat.

An manchen Stellen werden Sie vielleicht stutzen, zweifeln oder verwirrt sein – das macht nichts. Auch wir waren im Laufe unserer 12-jährigen Arbeit mit diesen Werkzeugen an vielen Stellen zweifelnd, verwirrt und irritiert.

Einige Werkzeuge haben sich uns erst im Laufe der Jahre erschlossen und noch immer entdecken wir tiefere Bedeutungen und weitergehende Aspekte der einzelnen Werkzeuge.

Contemplation:

Wer bin ich, wer bist Du?
Namaste: the being in me greets the being in you

Environment – Umgebung:

Wo sind wir, wo komme ich her, wo kommst Du her?

Connection – Verbindung:

Verbindung zwischen Dir und mir und das Gemeinsame entstehen lassen

Beobachten – Wahrnehmen:

Hinschauen, wahrnehmen und bemerken, was passiert.

Unterscheiden:

Was funktioniert, was funktioniert nicht?
Wie ist die Energie (hoch oder niedrig)?
Was ist die Realität und was ist Interpretation?

Feedback:

Aussprechen, was man beobachtet hat.

Anerkennung:

Anerkennen, was ist – erkennen, sehen, wertschätzen,
den anderen in seiner Genialität ansprechen,
Herz aufmachen, Akzeptanz und Respekt,
Haltung von „alle und alles ist in Ordnung"

Nachgeben:

Die Energie des anderen nutzen, umwandeln,
durch Nachgiebigkeit sein Ziel erreichen,
sich in Bewegung setzen lassen durch den anderen
(seine Meinung, seine Perspektive)

Spielerisch sein:

humorvoll sein, übertreiben, austheatern,
nicht persönlich nehmen

Zusammenarbeit:

Zusammen, nicht gegeneinander, 1 + 1 = 11,
zusammen über sich hinauswachsen,
TEAM = Together Everbody Achieve More

Wir haben versucht, die komplexen Hintergründe der Werkzeuge zu ordnen und zu erfassen. So wird es zu jedem Werkzeug verschiedene Abschnitte geben. Wir beschreiben dessen Wesen, dessen Wirkung und wie man es anwendet. Wir werden auch immer wieder auf die erweiterte Bedeutung der Werkzeuge eingehen.

Hier beginnen wir jenseits der „Technik", als die man alle Werkzeuge durchaus benutzen kann, mit dem Entwickeln einer Haltung. Mit dieser Haltung wird es mühelos, die Werkzeuge anzuwenden. Unserer persönlichen Erfahrung nach geht es dann vielmehr in eine Gewohnheit über und wird leicht. Dann wird die Begegnung mit Menschen spielerisch und erfreulich.

Zur besseren Übersicht und zum schnelleren Erinnern haben wir auf der folgenden Seite die Werkzeuge in Kurzform aufgelistet. Im Anschluss daran geben wir die wichtigste Regel in der Kommunikation und dazu die Werkzeuge in ihrer Bedeutung und Anwendung.

Wir freuen uns, dass Sie sich nun mit uns auch im zweiten Teil auf das Abenteuer wertschätzender Kommunikation einlassen!

DIE OBERSTE REGEL: NICHTS PERSÖNLICH NEHMEN!

Wenn Sie das, was Menschen tun oder sagen, nicht mehr persönlich nehmen, entsteht eine große Leichtigkeit und Zufriedenheit. Sie werden weniger Konflikte haben und die Qualität Ihres Lebens wird sich deutlich verbessern.

Wir haben jedoch nicht gelernt, die Ereignisse um uns herum unpersönlich zu sehen. Wir beziehen sehr viel auf uns und dann sind wir verletzt, gekränkt und genervt. Sobald wir das, was Menschen sagen bzw. kommunizieren, persönlich nehmen, geraten wir in eine emotionale Verstrickung.

Dabei ist eigentlich nichts persönlich . . .

Wie ist das gemeint?
Dazu werfen wir einen Blick auf die Art und Weise, wie Menschen die Welt erleben. Jeder Mensch lebt in seinem eigenen „Universum". Wie schon weiter oben erwähnt, hat jeder Mensch sein eigenes Bild von der Welt, seinen Mitmenschen und sich selbst.

Im Grunde betrachtet jeder die Welt von seinem Standpunkt und Blickwinkel aus. Von diesem Blickwinkel sieht es immer so aus, als hätte alles, was um uns herum passiert, auch mit uns zu tun. So ist es aber nicht. Jeder Mensch dreht sich vorrangig mit seinen Gedanken und Interessen erst mal um sich selbst. Wenn man sich das klarmacht, wird es plausibler, dass das meiste, was Menschen sagen und kommunizieren, vor allem mit ihnen selbst und nichts mit dem Gegenüber zu tun hat.

Heike: „Direkt bei mir im Viertel, in dem ich lebe, in Berlin, gibt es einen schönen Fußweg entlang des Wassers. Der wird gerne genutzt von Spaziergängern und Hundehaltern, aber es wird auch schon seit Jahrzehnten geduldet, dass der Weg von Radfahrern genutzt wird. Natürlich kommt es da immer wieder zu Konflikten zwischen Radfahrern und Fußgängern, zwischen Hundehaltern und Eltern von kleinen Kindern usw. Natürlich hat auch jeder aus seinem Blickwinkel Recht.

Wenn ich es jetzt persönlich nehme, weil mich ein Hundehalter anbrüllt, weil ich mit meinem Fahrrad hier fahre, könnte ich regelmäßig richtige Streitereien haben. Mir ist aber klar, dass der Hundehalter nicht mich persönlich meint, sondern mich als Radfahrerin. Deshalb reagiere ich mit einer gewissen Gelassenheit."

In dieser Form ließen sich viele Beispiele finden. Wenn jemand sehr gestresst von der Arbeit nach Hause kommt und ihn deswegen die Unordnung zu Hause wesentlich mehr nervt, als an anderen Tagen, bleibt es friedlicher, wenn man die Genervtheit nicht persönlich nimmt. Im Grunde hat es ja nichts mit mir zu tun.

Aus dieser Gewissheit heraus wird Kommunikation viel leichter und entspannter und viel Ärger ist so zu vermeiden. Wir Menschen, so Don Miguel Ruiz (*18), nehmen uns allzu oft viel zu wichtig und beziehen vieles von dem, was gesagt oder getan wird auf uns.

Und eigentlich passieren die Dinge, wie sie eben passieren, und die Menschen um uns herum sagen etwas aus ihrem eigenen Universum heraus.

Es ist nicht einfach, diese Regel zu trainieren. Wenn es Ihnen hilft, dann schreiben Sie sich diesen Satz auf ein Kärtchen und tragen Sie es immer bei sich. Oder kleben Sie eine große Karte an Ihren Kühlschrank, Schreibtisch, Spiegel usw.:

Egal wer auch immer wo auch immer was auch immer sagt, Sie bleiben ein wunderbarer Mensch!

Scotty:
„Das Schiff gehört Ihnen, Sir.
Alle Systeme sind bereit und laufen automatisch.
Ein Schimpanse und zwei
Praktikanten könnten es fliegen!"
Captain Kirk:
„Danke, Mr. Scott. Ich werde versuchen,
das nicht persönlich zu nehmen."
(Zitat aus »Star Trek«)

CONTEMPLATION

Das Wort Contemplation kommt aus dem Lateinischen und heißt ursprünglich „in Stille betrachten". Wir kennen es aus religiösen Zusammenhängen. Nonnen und Mönche betrachten in Stille, stundenlang oder auch tagelang.

Wir brauchen uns nicht stunden- oder gar tagelang zurückzuziehen, um in Stille zu betrachten. Jeder Augenblick bietet uns die Möglichkeit. Das heißt, wir reagieren nicht auf das, was uns geschieht, sondern wir betrachten es in Stille und „landen" in unserer Mitte. Von dort aus nehmen wir wahr.

Wer bin ich?

In diesem ersten Werkzeug geht es zunächst um die Haltung, den Zustand von uns selbst. So bedeutet CONTEMPLATION in diesem Sinne, erst einmal für sich zu sorgen, damit man sich in eine wertschätzende Haltung versetzen kann. Bevor ich dem anderen begegne, sorge ich dafür, dass ich entspannt bin. Dies hat eine direkte Auswirkung auf unsere Ausstrahlung und auf unsere Vibration.

Wie können wir das tun?

Contemplation heißt auch: Be as you are - Sei wie Du bist. Es geht um das einfache „Sein", jeden Wunsch nach Beeindrucken loszulassen, alle Gedanken, etwas darstellen zu *müssen*, etwas tun zu *müssen*, loszulassen.

Im Hier und Jetzt sein

Manche meditieren, andere erreichen das beim Sport oder Spazierengehen.

Man muss ein Gefühl dazu entwickeln, wie es sich anfühlt, man braucht etwas, was man schnell zur Hand hat, was sehr persönlich in dem Moment funktioniert. Es gibt viele Techniken und Methoden. Hilfreich ist es, wenn man es schnell erzeugen kann.

Lola: „Mir hilft sehr oft der Weg über den Körper. Dabei ist das beste Bild für mich, sich in seinen Körper fallen lassen. Das heißt auch in der eigenen Körperlichkeit ankommen. Platz nehmen im eigenen Körper."

Wie macht man das? Eine ganz einfache Übung ist folgende: Nehmen Sie auf einer Sitzgelegenheit Platz. Sitzen Sie? Es ist erst einmal nicht wichtig, wo Sie sitzen. Nun nehmen Sie wahr, wo Ihr Körper den Stuhl oder Sessel berührt, nehmen Sie ein paar tiefe Atemzüge und spüren Sie in den Körper hinein.

Probieren Sie es aus! Vielleicht braucht es etwas Übung, doch es beruhigt ungemein! Es ist der Aspekt von Aufmerksamkeit. Wenn Sie das einige Male geübt haben, geht das ganz schnell!

Amuse yourself

Die Transformer haben alle verschiedene Aspekte. Ein wichtiger Aspekt von Contemplation ist *Amuse yourself*. Warum sind wir hier? Warum sind Sie da? Es gibt nur einen Grund: Um das Leben zu genießen!

Schauspieler kennen das und wir als Trainerinnen und Coaches machen nahezu jeden Tag die Erfahrung, dass erst dann eine leichte, entspannte Atmosphäre entsteht, dass erst dann Teilnehmer und Klienten Spaß am Seminar oder Coaching haben, wenn wir selbst genießen, was wir tun. In der Kommunikation ist es genauso. Wenn wir entspannt sind, das Leben und die Situation oder Begegnung genießen, dann kann darin auch eine entspannte Atmosphäre entstehen.

Lola: „Eine meiner Klientinnen leitete ein Hauswirtschaftsteam. Da sie viel mit Aushilfen arbeiteten musste, passierten immer wieder Fehler und einiges lief schief. Es gab also viele Reibungspunkte und sie war sehr angestrengt von der fehlenden Routine. Also gab ich ihr die Aufgabe, einen Tag lang das Motto *Amuse yourself* zu leben. Bei der nächsten Sitzung kam sie strahlend rein und berichtete, dass das der entspannteste Tag ihres Lebens war.

Was hat Sie also getan? Indem sie den Entschluss fasste, dass sie heute das Leben genießen wolle, veränderte sich ihre Haltung, mit der sie den Situationen begegnete, die sie als so belastend empfand. Es lief nicht alles perfekt an diesem Tag, aber sie ließ sich davon nicht beirren.“

Stille, Aufmerksamkeit, Vibrationen – gelingende Kommunikation durch beruhigende Vibrationen

In der Stille entspannen wir uns, in der Stille beruhigen wir uns, in der Stille beruhigen wir auch unsere Schwingungen, unsere Vibrationen.

Das Geheimnis gelingender Kommunikation ist, *nicht* auf die Atmosphäre des anderen einzusteigen, sondern vielmehr den anderen in eine hellere, leichtere Atmosphäre mitzunehmen.

Doch es ist nicht so einfach, nicht auf die Atmosphäre des anderen einzusteigen. Wir sind so schnell infiziert von den Launen unserer Mitmenschen und es passiert so subtil und schleichend, dass wir es oft erst bemerken, wenn wir schon mittendrin sind. Unser Kopf sucht nach „Beweisen" und „Fakten". Dann suchen wir eher nach Begründungen in unserem eigenen Tun, anstatt zu beobachten, wo wir diese Stimmung und Laune aufgeschnappt haben.

Aufmerksamkeit hilft uns, nicht so schnell in den Sturm der Launen und Stimmungen von Gesprächspartnern einzusteigen. Wie schon im ersten Teil des Buches beschrieben, geht es um die Muster, wie Menschen kommunizieren. Wenn wir aufmerksam sind und nicht umgehend in das Muster des anderen einsteigen, dann sind wir in der Lage, die Kommunikation zu gestalten und eine wertschätzende Atmosphäre zu kreieren.

Wir können in jeder „Minute" entscheiden, welcher „Stimmung" wir uns hingeben. Oft sagen Coaching-Klienten zu uns: „. . . aber ich bin doch wütend, ich kann doch nicht so tun, als ob ich gut gelaunt sei! Ich bin einfach impulsiv!" Ja, genau, das ist es. Wir denken, wir sind unsere Stimmungen: Wir hängen an unserer schlechten Laune und denken, dass das die Realität sei. Wir fühlen uns in bestimmten Stimmungen lebendig und erleben uns selbst sehr intensiv. Im Schamanismus heißt es, dass die reine Emotion nur maximal drei Minuten andauert.

Wer bist Du?

Nachdem wir bei uns „gelandet" sind, können wir uns dem anderen zuwenden. Wahrnehmung in der Begegnung ist ein wichtiger Schritt. Indem wir Menschen wahrnehmen, sie sehen, erzeugen wir Wohlwollen und Vertrauen im anderen.

Doch unsere Wahrnehmung ist sehr oft überschattet von Meinungen und Vorurteilen. Es ist nicht immer einfach, diese beiseite zu schieben, dennoch ist es ein wichtiger Aspekt in der Begegnung mit Menschen, der Kommunikation gelingen lassen kann.

Unsere Meinungen beeinflussen unsere Vibration. Wenn wir eine gelingende Kommunikation anstreben, ist der erste Schritt, den anderen anzunehmen und zu akzeptieren.

Die Haltung „Du bist in Ordnung" einnehmen.

Stellen Sie sich vor, wir müssten uns nicht mehr herumschlagen mit diesem Gefühl, dass etwas nicht in Ordnung mit uns ist! In unserer Coachingpraxis erleben wir fast täglich, wie Menschen von dem Gefühl, nicht in Ordnung zu sein, davon abgehalten werden, sich ihre Träume zu erfüllen, ein lebendiges Leben zu leben und ihr ganzes Potenzial zu entfalten. Dieses Gefühl ist so tief in uns drin, dass wir kaum wahrnehmen, womit wir kämpfen.

Als Coach sieht man, wie Menschen entspannen und ruhiger werden, wenn man ihnen das Gefühl gibt, dass sie in Ordnung sind und wie sie das dazu bringt, über sich hinauszuwachsen.

Wir arrangieren uns mit vielen Situationen, versuchen, uns zurechtzufinden in der Nachbarschaft, der Familie, dem Kreis der Kollegen, von Menschen, die wir täglich treffen. Wir arrangieren uns so sehr damit, dass wir das Gefühl des Sich-falsch-Fühlens gar nicht mehr bewusst wahrnehmen. Doch wenn uns Menschen auf einen Fehler hinweisen oder gar kritisieren, reagieren wir unangemessen und werden laut oder wütend. Wenn wir uns „falsch" fühlen, reagieren wir deutlich emotionaler auf die Ereignisse und das Verhalten der Menschen um uns herum.

In der Begegnung mit anderen Menschen können wir die Führung in der Kommunikation übernehmen, wenn wir genau diesem Gefühl auf „heilende" Weise begegnen. Nämlich mit Akzeptanz und Wertschätzung.

Begegnungen werden dann ein unvergessliches Ereignis, wenn zwei Menschen sich mit offenem Herzen begegnen. Den anderen anzunehmen und wertzuschätzen öffnet unser beider Herz. Damit ist die Grundlage für eine wohltuende Begegnung gelegt.

In einer entspannten, heiteren Haltung richten wir die Aufmerksamkeit mit dem nächsten Werkzeug in die umgebende Welt. Wir nutzen und ziehen die umgebende Welt mit hinzu, um verstehend und gestaltend in die Begegnung mit Menschen zu gehen. Lesen Sie mehr über die lokale und soziale UMGEBUNG und wie Sie dieses Werkzeug einsetzen können.

„Die Umgebung, in der der Mensch sich
den größten Teil des Tages aufhält,
bestimmt seinen Charakter."
(Antiphon, griechischer Philosoph, *19)

ENVIRONMENT – UMGEBUNG

Woher komme ich, woher kommst Du, wo sind wir?

Heike: „Lola und ich hatten ein Seminar in Hamburg und wir übernachteten in einem sehr schönen Hotel. Nach dem Seminar gingen wir zur Abschlussbesprechung in ein ebenso schönes Hotel. Als Lola wieder nach Hause fuhr, blieb ich in Hamburg für weitere Seminare. Ich hatte für die folgenden Nächte ein Hotel über das Internet gebucht und machte mich auf den Weg dorthin. Je näher ich dahin kam, desto unwirtlicher wurde die Gegend und auch das Hotel machte keinen schönen Eindruck. Ich fühlte mich in dieser Umgebung sehr unwohl. So beschloss ich, mir am nächsten Tag ein anderes Hotel zu suchen. Die höhere Ausgabe hat sich gelohnt. Ich fühlte mich in einer Umgebung, die ärmlich und schlecht gestaltet ist, ebenfalls ärmlich und in einer Umgebung, die angenehm ist und luxuriös, bin ich entspannter und habe so das Gefühl, ja OK, das Leben ist schön, das Leben ist OK."

Was ist Environment?

Beim zweiten Werkzeug beschäftigen wir uns nicht nur mit dem Menschen, sondern auch mit seinem Umfeld. Der Frage nach dem Wer, folgt die Frage nach dem Wo bzw. Woher.

Das Werkzeug ENVIRONMENT – UMGEBUNG ist wirksam in zwei Qualitäten: lokal und sozial, also der Ort als Umfeld und das Umfeld im Sinne von Menschen, Kreisen, in denen wir uns bewegen, Kulturen, in denen wir aufgewachsen sind.

Die soziale Bedeutung

Environment – Umgebung drückt sich aus in dem Umfeld, durch das sich ein Mensch Zeit seines Lebens bewegt hat. Jedes Feld hat dabei mehr oder weniger Spuren hinterlassen. Das Feld, in dem sich unser Leben abspielt und abgespielt hat, bildet ein Muster. Diese Muster bestimmen die Art und Weise, wie wir in das Leben schauen und welche Haltungen und Perspektiven wir dabei einnehmen. Diese Muster und Spuren sind auch in der Begegnung spürbar und haben Einfluss auf die Qualität der Kommunikation.

In einem unserer Seminare erzählte eine junge Krankenschwester, dass sie gerne mehr Leichtigkeit leben würde. Sie sei überzeugt davon, dass sie zu Hause sehr viel spielerischer und leichter im Umgang mit Menschen sei, als im Krankenhaus. Hier wirkt die Umgebung auf sie ein. Im Krankenhaus sind viele Menschen, deren Situation geprägt ist von Angst, Schicksal, Schmerzen und Trauer. Menschen, die in diesem Umfeld arbeiten, nehmen unter Umständen diese Stimmung sehr schnell an und benehmen oder fühlen sich dann ganz anders als zu Hause oder mit Freunden.

Bei dem Werkzeug ENVIRONMENT – UMGEBUNG fragen wir nach dem, was uns bzw. unseren Kommunikationspartner umgibt, lokal und sozial.

Der Mensch bewegt sich physisch und psychisch in komplexen Mustern. Diese Muster stehen hinter dem, was man kommuniziert. Sichtbar ist es in der Art, wie man in den Raum kommt, wie man sich bewegt, wie der Ton der Stimme ist, welche Geschichten man erzählt, welche Themen unerwartet auftauchen usw.

Die lokale Bedeutung

Bei der lokalen Bedeutung geht es um den direkten Ort, Platz oder Raum und dessen Wirkung auf uns und unsere Kommunikation. So kann ein Ort entspannend, inspirierend, demotivierend oder einengend und vieles mehr sein. Unordnung in einem Raum kann viel von der Klarheit nehmen. Ordnung schaffen in einem Raum, einer Wohnung, einem Haus bringt auch Klarheit in unser Denken. Einen besonderen Ort auswählen für ein Gespräch kann wichtig sein. Es kann auch hilfreich sein, einen speziellen, überraschenden Ort für ein Gespräch auszuwählen.

In manchen Situationen kann ein Ort die Denkweise der Menschen verändern. Entspannung, Inspiration oder neue Perspektiven stellen sich in bestimmten Umgebungen leichter oder schwerer ein als in anderen.

Was erzeugt das Werkzeug?

Mit dem Werkzeug ENVIRONMENT – UMGEBUNG erzeugen wir tiefes Verständnis und Empathie für den anderen. Wenn wir Menschen auf dem Hintergrund ihrer Umgebung wahrnehmen, hilft es uns, Dinge, die sie tun nicht persönlich zu nehmen.

Wenn wir zum Beispiel mit jemandem telefonieren, der gerade in einer gestressten Situation ist und dabei sehr unfreundlich ist, können wir die Umgebung, in der er sich gerade befindet, mit in Betracht ziehen und einen neuen

Telefontermin ausmachen oder einfach zu einem anderen Zeitpunkt anrufen. Es fällt dann leichter, die Unfreundlichkeit nicht persönlich zu nehmen.

Die Umgebung, lokal und sozial, kann Einfluss auf unser Befinden haben. So fühlen wir uns vielleicht in den Bergen entspannt und heimisch, andere haben dieses Empfinden vielleicht eher am Meer, wieder andere lieben das flache Land oder fühlen sich in einer bestimmten Stadt sehr wohl.

Es ist schon sehr interessant und auch hilfreich zu beobachten, welchen Einfluss Orte auf uns haben. Das sind auch Informationen, die uns helfen, in schwierigen Situationen wieder Energie zu tanken oder sich in eine ganz bestimmte Stimmung zu versetzen.

Ebenso kann auch die soziale und kulturelle Umgebung uns nicht nur prägen, sondern auch Einfluss nehmen auf unser Gefühl von Sicherheit, Freiheit oder Wohlbefinden. Es gibt soziale und kulturelle Umgebungen, die einen aufblühen lassen, andere erzeugen in uns das Gefühl, ein Außerirdischer zu sein.

Heike: „Vor einiger Zeit war ich eingeladen, bei einem großen Netzwerkevent bei einer Softwarefirma einen Vortrag über wertschätzende Kommunikation zu halten. Ich habe den ganzen Tag da verbracht und dabei festgestellt, wie fremd ich mich unter all den Informatikern und Ingenieuren fühle und auch kaum in der Lage war, den fachlichen Vorträgen oder Gesprächen zu folgen."

Auch die Situation in unserer Familie hat Einfluss auf unser Befinden. So ist das Empfinden anders, wenn man in einer Familie aufgewachsen ist, in der eines oder beide Elternteile Flüchtlinge sind / waren, als in einer Familie, die über Generationen aus demselben Ort oder derselben Stadt kommen.

Oftmals verbinden wir mit kultureller Herkunft ein bestimmtes Verhalten und im schlimmsten Fall haben wir Vorurteile.

Mit dem Werkzeug ENVIRONMENT – UMGEBUNG legen wir jedoch nicht fest, sondern nutzen wohlwollend diese Informationen und geben unserem Gegenüber permanent die Möglichkeit, Neues und Unerwartetes hinzuzufügen.

Die Umgebung hat sehr oft Einfluss auf unser Denken und unsere Haltung bestimmten Dingen gegenüber. Es kann passieren, dass ich an einem Ort mutiger bin und an einem anderen Ort bzw. in einer anderen Umgebung mehr mit Bedenken oder Bewertungen beschäftigt bin.

In unserer Arbeit als Trainerinnen und Coaches erleben wir sehr oft bei uns selbst, dass sich unsere Vibration verändert, wenn wir uns in verschiedenen Situationen befinden. Sehr oft kann man das auch nutzen, um Veränderungsprozesse zu forcieren. Das heißt, man besucht neue und andere Orte, um eine neue Perspektive oder auch Haltung in einem selbst zu erzeugen. Dabei achten wir genau auf unsere Bedürfnisse. Jeder Ort hat auf jeden Menschen eine unterschiedliche Wirkung. Möchte ich entspannen, so kann die Hotellobby eines schönen Hotels mich in eine entspannte Haltung bringen. Vielleicht ist aber auch die »Royal Festival Hall« in London ein Ort, der mich mehr inspiriert, weil sich dort viele Studenten und Musiker aufhalten.

Im lokalen Zusammenhang erzeugt das Werkzeug ebenfalls eine Wahrnehmung für Ordnung oder Unordnung. Bei Kindern kann man die Auswirkung von Unordnung auch sehr schön beobachten. Ist das Zimmer unordentlich, dann fangen die Kinder oft an, sich zu langweilen und wissen nicht so genau, was sie als nächstes spielen sollen. Räumen sie dann das Zimmer auf, scheint mehr Klarheit da zu sein und sie finden leichter wieder Spielideen.

Heike: „Mein Sohn fängt sehr oft seine Spiele in meinem Zimmer an, weil es ihm bei sich selbst zu unordentlich ist. Ist sein Zimmer aufgeräumt, spielt er nie in meinem Zimmer."

Oft kann man in Teams beobachten, dass sich Verwirrung und Unklarheit breitmacht, wenn der Arbeitsbereich ungeordnet ist. Nimmt man sich dann Zeit, wieder Ordnung und Klarheit in den Arbeitsbereich zu bringen, werden die Teammitglieder sehr oft auch wieder klar im Kopf. So kann man auch bei geplanten Gesprächen oder Besprechungen gezielt einen geeigneten Ort suchen. In diesem Fall kann man das Werkzeug UMGEBUNG bewusst anwenden, um geeignetere Bedingungen für die gelingende Kommunikation zu schaffen.

Eine Veränderung der Umgebung erzeugt ein andere Perspektive, eine andere Sichtweise und dadurch schärft es auch immer die Wahrnehmung. Durch den flexiblen Umgang mit Sichtweisen und Perspektiven erhöhen wir unsere Empathiefähigkeit. Dadurch sind wir in der Kommunikation mit Menschen schneller in der Lage zu erfassen, wie der andere tickt und was man selbst tun kann, damit die Kommunikation gelingt. Das Werkzeug erzeugt vor allem eine Aufmerksamkeit für diese Zusammenhänge.

Wie wendet man es an?

Auch bei der Anwendung gibt es wieder zwei Richtungen: lokal und sozial.

Lokale Anwendung des Werkzeugs bedeutet, dass man bewusst bestimmte Orte für bestimmte Gespräche wählt oder Orte in einer bestimmten Art und Weise gestaltet, damit eine bestimmte Stimmung als Grundlage für ein Gespräch kreiert wird.

Lola: „Mir erzählte kürzlich eine Teilnehmerin aus einer Fortbildung für Teamleiter, dass Sie seit sie in der Ausbildung zum Teamleiter ist, Gespräche mit Mitarbeitern nicht mehr zwischen Tür und Angel führt, sondern bewusster mit der Umgebung umgeht. Die Gespräche verlaufen dann entspannter. Informationen werden vollständiger weitergegeben und die Mitarbeiter fühlen sich ernst genommen und wertgeschätzt."

Wenn wir nach der Anwendung des Werkzeugs fragen, so geht es, was den persönlichen Bereich betrifft, um ein Erforschen, Ausprobieren und Wahrnehmen. Jeder Mensch sieht seine Welt aus seiner eigenen Perspektive. Das bemerken wir am besten, wenn wir selbst immer wieder unsere Umgebungen verändern und aufmerksam beobachten, welchen Einfluss das auf unsere Verfassung hat. Dadurch glauben wir nicht mehr, dass nur wir die einzig richtige Wahrnehmung haben.

Lola: „ Ich gehe sehr häufig mit Coaching-Klienten in die Lobby eine Hotels. Ich mag diese Umgebung und weiß, dass Sie mich entspannt. Vor kurzem ging ich zum Schreiben allein in diese Hotellobby. Am Anfang war ich noch ein bisschen gestresst, weil soviel in meinem Kopf vorging, doch nach einer Stunde merkte ich, wie sehr ich entspannte. Das war für mich selbst noch einmal eine wichtige Erfahrung, da ich es oft nicht so effizient finde, zum Schreiben von meinem Schreibtisch wegzugehen. Doch ich konnte in dieser entspannenden Umgebung viel effizienter sein als in der Arbeitsatmosphäre meines Schreibtisches."

Wir Menschen leben sozusagen jeder in seiner eigenen „Blase". Jeder sieht die Welt aus seiner eigenen Sicht. Wenn wir das Werkzeug ENVIRONMENT – UMGEBUNG „benutzen", beachten wir die Tatsache, dass unser Gegenüber ebenfalls, so wie wir, in seiner eigenen Welt lebt und die Welt „da draußen" durch diese eigene Sicht wahrnimmt. Jeder Mensch erlebt die Welt durch seine eigenen Projektionen.

Was hindert uns daran, es anzuwenden?

Unser größtes Hindernis ist unser eigenes Universum. So, wie alle anderen in ihrer eigenen Welt leben, leben wir ja auch in unserer eigenen Welt. Wenn wir uns nicht bewusst sind, dass es mehr als eine Wahrheit gibt, wenn wir daran festhalten, dass nur wir persönlich den einzigen richtigen Standpunkt, die einzig richtige Sichtweise auf die Dinge haben, dann werden wir das Verhalten und die Ansichten der anderen verurteilen. Das wiederum wird dazu führen, dass wir wenig offen sind, den Kommunikationspartner ganz wahrzunehmen.

Zuwenig Veränderung in der Umgebung bringt Trägheit, Veränderung der äußeren Umgebung bringt Bewegung in die Sichtweisen.

Heike: „Auf sehr eindrückliche Art und Weise habe ich das gerade erlebt, weil ich in Hawaii war. Weiter weg kann man sich ja von Berlin aus fast nicht bewegen. Die räumliche Veränderung rückt sehr vieles, was zu Hause geschieht und wie ich vieles zu Hause empfinde in ein komplett anderes Licht. Manche Schwierigkeiten relativieren sich und man empfindet sich selbst ganz frisch. Das kennen die meisten Menschen vom Reisen und ich denke, für viele ist das auch das Hauptmotiv zum Reisen. Ich finde es sehr sinnvoll und wirksam, auf diese Art und Weise immer wieder seine Perspektive zu verändern."

Es braucht einen gewissen Forschergeist, um sich in diese „neue" Umgebung zu begeben, denn in der „alten" Umgebung sehen und empfinden wir ja das „Neue" noch nicht.

Das bedeutet, dass wir einen Schritt ins Unbekannte tun. Das wiederum fällt einem ja oft so schwer, weil es mehr Anstrengung, mehr Unsicherheit bedeutet und nicht immer ein Gelingen garantiert ist.

Wenn man zu Hause an seinem Schreibtisch sitzt, glaubt man zu wissen, wie viel Zeit man für eine bestimmte Aufgabe benötigt. Doch wenn man sein Haus verlässt und an einen anderen Ort geht zum Arbeiten, braucht das scheinbar mehr Zeit und mehr Kraft.

Ein „Erfolg" ist ja nicht garantiert, so wie wir nicht wissen, ob Silvester in Budapest ein unvergessliches Erlebnis wird, wenn wir noch nicht da waren! Wir wissen nicht, ob Hawaii für uns genauso inspirierend ist wie für jene Menschen, die schon dort waren. Wir wissen es nicht, solange wir noch nicht da waren und erfahren es erst, wenn wir es ausprobiert haben.

Das Element der Überraschung

Wie schon weiter oben erwähnt, leben wir alle in unserem eigenen Universum. Damit die verschiedenen Universen zusammenfließen können, braucht es die Öffnung. Diese passiert sehr oft durch ein Überraschungsmoment.

Für uns heißt das, in das Unerwartete zu gehen. Das Unerwartete ist das Unbekannte und das erzeugt Neugierde. Im Kommunikationsprozess ist Neugierde ein Motor. Es ist die Kraft, die uns antreibt, mehr wissen zu wollen und uns veranlasst zu erforschen, wie die Perspektive des anderen ist.

Kinder sind neugierig, weil sie sich nicht auf die Position *Ich weiß schon* zurückziehen.

Wenn wir mit Menschen längere Zeit zu tun haben, in der Familie, im Arbeitszusammenhang, dann verlieren wir diese Neugierde. Dann läuft die Kommunikation in bestimmten Mustern ab. Wir können dieses Element der Überraschung nutzen, um das Muster aufzulösen.

Wenn wir beginnen, diese Neugierde wieder zu erwecken, dann schaffen wir die Grundlage für gute Verbindungen. VERBINDUNG ist ein fantastisches Werkzeug, um in der Begegnung mit Menschen Tiefe zu erzeugen.

„Im Grunde sind es doch die Verbindungen mit Menschen, die dem Leben seinen Wert geben."
(Wilhelm von Humboldt, *20)

CONNECTION – VERBINDUNG

**Verbindung zwischen Dir und mir und
das Gemeinsame entstehen lassen.**

Lola: „Kürzlich kam ich in eine Klasse von Krankenpflegeschülern, mit denen ich ein Theaterprojekt durchführen
sollte, das unter anderem das Ziel hatte, Teamgeist zu erleben. Ich fragte die Schüler: „Seid ihr ein gutes Team?" Die
Antwort kam zögerlich.

Die Klasse war in kleine Grüppchen aufgeteilt, die untereinander kaum Kontakt hatten. In den zwei Tagen, in denen wir eine Show entwickelten, wurden die Arbeitsgruppen bei jeder Aufgabe neu gemischt. Dadurch und durch
regelmäßig durchgeführte Anerkennungsrunden entwickelte sich eine Offenheit. Ich hatte mich schon am Anfang
gefragt, warum in der Gruppe so wenig Verbindung unter
den Teilnehmern vorhanden war. Ich konnte keine besondere Feindschaft feststellen, es war kein besonders großer
Widerstand zu spüren, die wenigsten verbreiteten Launen.
Es gab einzig wenig Verbindung untereinander. Schon am
Ende des zweiten Tages bemerkten die ersten, dass man
doch mit jedem aus der Klasse gut arbeiten kann. Durch
das gemeinsame Tun und die gegenseitige Anerkennung
entstand Verbindung."

Wir widmen uns nun dem, was zwischen Menschen
entstehen kann. Die Beziehung, die entsteht, wenn zwei

oder mehr Menschen miteinander zu tun haben. Wir Menschen wollen den tiefsten Kontakt zu Menschen. Wir wollen spüren, dass es mehr gibt, als das, was es zwischen zwei Gegenständen gibt. Es ist die Verbindung, der Kontakt, der uns Erfüllung gibt. Was zwischen Menschen entsteht, ist nicht wissenschaftlich messbar. Es passiert nur auf der Grundlage von Erfahrungen.

Wie wir im ersten Teil schon beschrieben haben, nimmt jeder Mensch die Welt, das Leben unterschiedlich wahr. Wenn Menschen sich begegnen, treffen diese unterschiedlichen „Welten" aufeinander. Es braucht Wachheit und Aufmerksamkeit, um behutsam eine Verbindung aufzubauen.

In der Absicht, eine gelingende Kommunikation oder Begegnung zu gestalten, machen wir uns bewusst, dass unser Gegenüber eben in dieser eigenen Welt, diesem eigenen Universum lebt und damit auch völlig in Ordnung ist.

Menschen werden verwundert und begeistert zugleich sein, wenn Sie in dem Zusammensein mit Ihnen das erleben: Das Angenommensein durch Sie. Dann, wenn Menschen sich durch uns angenommen fühlen, dann entspannen sie und es entsteht jenes Wohlwollen und Vertrauen, von dem wir im ersten Teil des Buches schon oft gesprochen haben.

Was passiert bei Verbindung?

Wir legen unsere Aufmerksamkeit auf die Verbindung. Wir legen unsere Aufmerksamkeit darauf, wie „es" zwischen uns entstehen kann. Es entsteht ein drittes Universum, eine gemeinsame Welt. Darin ist Teamgeist spürbar und Unterschiede nehmen ab. Wir fühlen uns mit dem anderen verbunden, wir leben in einer gemeinsamen Welt. Wir teilen ein Universum. Es ist, als ob Menschen aus verschiedenen

Kulturen sich in einer dritten Kultur zusammenfinden. Aus Verbundenheit entsteht eine gemeinsame Sprache. Je stärker wir dabei die Aufmerksamkeit auf dieses gemeinsame Universum legen, desto leichter wird die Verbindung sein.

Im Alltag und in der Art und Weise, wie wir die Welt erleben, ist unser Fokus auf dem Trennenden. Wir bemerken, was uns vom anderen trennt, was wir nicht mögen. Wir haben Meinungen über bestimmte Menschen. Wir scheinen uns mehr zum Trennenden hingezogen zu fühlen. Wir setzen uns auseinander und halten Auseinandersetzungen für normal. Verbundenheit mit Menschen ist für manche fast schmerzhaft, weil wir gelernt haben, dass wir nur unter bestimmten Bedingungen mit anderen verbunden sein dürfen.

Ein weiterer Punkt, der uns im Alltag daran hindert, in Verbindung zu gehen, sind die kommunikativen Luftverpester, die wir im ersten Teil beschrieben haben: Wir wollen Recht haben.

Verbindung schaffen wir, wenn wir nicht so sehr auf das eingehen, was jemand sagt oder einsteigen in das, was jemand aussendet, sondern hinter das offensichtliche Verhalten schauen und die Genialität der Menschen erkennen. Dann sind wir in der Akzeptanz.

Am hilfreichsten ist dabei die Neugierde. Wir erleben es häufiger, dass in dem Moment, indem wir neugierig auf den anderen Menschen sind, eine gemeinsame Welt entsteht.

Verbindend können unterschiedliche Dinge sein. Eine gemeinsame Geschichte, ein gemeinsames Erlebnis, gemeinsame Lieblingsmusik oder ähnliches können Menschen sich verbunden fühlen lassen.

Auch gemeinsame Themen oder Interessen knüpfen ein Band zwischen Menschen.

Lola: „Ich traf eine Krankenschwester in einem meiner Seminare. Sie erzählte von einem Patienten, der im Umgang für das Pflegepersonal sehr schwierig war. Er war ungepflegt und hat niemanden an sich herangelassen. Eines Tages ging die Krankenschwester in sein Zimmer, um den Versuch zu starten, die täglichen Arbeitsvorgänge zu erledigen, was nicht immer möglich war, da er sich jeglicher Nähe verschloss. An jenem Tag fand sie heraus, dass er die gleiche Musik mochte wie sie. Es war erstaunlich, wie sie berichtete, wie er sich plötzlich Stück für Stück öffnete und die Nähe, die notwendig war, um ihn pflegerisch zu versorgen, bei ihr zuließ."

Es gibt Verbindungen, die sind historisch gewachsen. Menschen, die man schon sehr lange kennt, mit denen man eine Geschichte erlebt hat, Zeit verbracht hat. Menschen, die man auf ihrem Lebensweg begleitet hat oder die einen auf dem eigenen Lebensweg begleitet haben.

Dann gibt es Verbindungen zu Menschen durch intensive Erlebnisse. Das kann eine Bergtour sein, eine Kanufahrt, die Erarbeitung und Aufführung eines Theaterstücks, eine Urlaubsfahrt. Doch auch intensive Arbeitssituationen können verbinden. Krisen, die man gemeinsam bewältigt hat oder schwierige Aufgaben, die man gelöst hat.

Es gibt auch Verbindungen, die einfach da sind. Das sind die Geschenke im menschlichen Zusammensein. Menschen, die man trifft und es entsteht sofort eine Verbindung.

Wir sagen dann oft, dass die Chemie stimmt.
Verbindung heißt auch vertrauen können und Vertrauen erzeugen können.

Wem vertrauen wir?

Meistens vertrauen wir Menschen, die uns das Gefühl von Wertschätzung und Wohlwollen vermitteln. Wenn Menschen neugierig auf uns und unser Leben sind, dann bekommen wir Aufmerksamkeit. Mit Aufmerksamkeit fühlen wir uns gesehen. Dann fällt es leichter, sich zu zeigen und wenn ich etwas von mir gezeigt habe, dann entsteht eine Verbindung.

Damit die Verbindung zwischen den Menschen entstehen kann, müssen wir das Feld bereiten. Die Umstände schaffen, damit der andere bereit ist, dieses „Zwischen" zuzulassen.

Deshalb sorgen wir mit diesem Werkzeug dafür, dass Wohlwollen, Wertschätzung, Aufmerksamkeit und Vertrauen entstehen. Es geht also darum, dem anderen aufrichtig und ehrlich neugierig, wohlwollend und vertrauenerweckend entgegenzutreten. Das unsichtbare „Dazwischen" zu erzeugen. Auf einer tieferen Ebene hat es etwas von sich „eintunen". Sich auf die Frequenz des anderen einlassen, denn dort erreichen wir ihn leichter.

Wenn Sie aufmerksam die Schwingung eines Menschen wahrnehmen, können Sie auch klarer entscheiden, wie Sie die Verbindung aufbauen können.

Dieses „Eintunen" erleben wir häufig als hilfreich am Telefon. Wenn wir mit potenziellen Kunden sprechen und eine Verbindung erzeugen wollen, achten wir sehr stark auf den Tonfall und die Energie, die vom anderen bei uns ankommt. Als einfaches Beispiel: Höre ich eine zarte zurückhaltende Stimme, passe ich meinen Tonfall an. Meldet sich jemand energisch und laut, tune ich mich darauf ein und antworte ebenfalls eher mit einer kräftigen Stimme.

Bei dem Werkzeug VERBINDUNG bereiten wir das Feld, schaffen die Umstände, damit der andere in das Angebot von Vertrauen einsteigen kann.

Solange die Verbindung nicht hergestellt ist, wird die Kommunikation unkonkret und unverbindlich bleiben. Doch wenn wir dieses „dritte Universum" kreieren, erzeugen wir eine Verbindung.

Durch gemeinsames Tun entsteht Verbindung in privaten oder beruflichen Teams. Durch das gemeinsame Spiel wird Teamgeist erzeugt. Dieses Spiel kann ein Haus sein, das wir bauen möchten, ein Projekt, eine gemeinsame Reise, ein Fest oder etwas ähnliches.

Das nächste Werkzeug, BEOBACHTEN, kann uns unterstützen, Möglichkeiten für die Verbindung durch Beobachten und Wahrnehmen zu finden.

„Achtsamkeit ist ein aufmerksames Beobachten, ein Gewahrsein, das völlig frei von Motiven oder Wünschen ist, ein Beobachten ohne jegliche Interpretation oder Verzerrung." (Krishnamurti, *21)

BEOBACHTEN – WAHRNEHMEN

**Hinschauen, wahrnehmen und be-
merken, was passiert**

Ein Klient einer Kollegin hatte einen sehr cholerischen Chef.
Bei Arbeitsbesprechungen fuhr er schnell aus der Haut und
brüllte herum. Dem Klienten schlug Wut entgegen und er
fühlte sich abgelehnt.

Die Projektleitung, für die er zuständig war, fiel ihm
leicht. Es war unproblematisch und lief ziemlich gut. Die
Wutausbrüche des Chefs wurden jedoch unerträglich für
ihn. Dies war innerhalb von zwei Jahren schon die dritte
Stelle, bei der er es mit aggressiven Vorgesetzten zu tun
hatte. Innerhalb des Coachings entwickelte er die Idee, das
Verhalten des Chefs einfach nur zu beobachten. Der Klient beobachtete das Ganze wie ein Theaterstück. Er nahm
das Verhalten des Chefs nicht mehr persönlich und kom-
mentierte es auch nicht mehr. Zuerst nahm er wahr, dass es
Zeiten und Situationen gab, in denen der Chef nicht chole-
risch war, sondern sogar recht freundlich. Der Druck, der
auf dem Klienten lastete, wurde weniger und das Verhalten
des Vorgesetzten wurde im direkten Kontakt freundlicher
und weniger aggressiv.

Stellen Sie sich vor, Sie nähmen die Welt, alles was um
Sie herum passiert, einfach nur wahr. Sie nähmen es wohlwollend wahr, verwundert, ohne sich aufzuregen, es gut

oder schlecht zu finden. Stellen Sie sich vor, Sie nähmen die Menschen um sich herum wahr als einen Strom der Ereignisse. Was würde passieren? Sie würden friedlicher, Ihre Schwingungen würden ruhiger und mit Ihren Schwingungen würden auch alle um Sie herum friedlicher.

Das alles kann geschehen, wenn Sie das Werkzeug BEOBACHTEN tief verinnerlichen und anwenden.

Was bedeutet Beobachten?

Das Werkzeug BEOBACHTEN bedeutet, dass wir unvoreingenommen, ohne Vorurteile, Meinungen, Interpretationen und Ideen den Menschen betrachten. Wir nehmen wahr und bemerken. Wir erleben Menschen als einen Strom von Ereignissen, eine Serie von Bewegungen im Innen und im Außen.

Im Beobachten nehmen wir den Menschen wahr im permanenten Wandel. Wir beobachten die Körperhaltung, die Veränderung der Hautfarbe, die Erscheinung genauso wie die Stimmung und die Veränderung der Umgebung.

Strahlt jemand, wenn er den Raum betritt oder wirkt er angespannt und düster? Wir nehmen wahr, was sich in der Atmosphäre verändert, in der Stimmung im Raum, wie reagieren die anderen Menschen darauf? Wir nehmen ebenso wahr, welche Auswirkungen das Erscheinen oder die Anwesenheit oder die Aktionen auf uns selber haben. Werde ich müde oder lebendig? Werde ich aufgeregt oder entspannt usw.

Wir legen nichts fest, wir fixieren nicht, was wir beobachten. Oft sehen wir einen Menschen mehr wie ein gefrorenes Bild, das wir uns von ihm gemacht haben. Es ist, als würde man von einem Wasserfall einen Eimer Wasser abfüllen und behaupten, das sei der Wasserfall!

Wenn wir neugierig sind auf das, was passiert, und alle TRANSFORMER benutzen, die wir bislang kennengelernt haben, sammeln wir Informationen, damit wir wissen, welche Aktion, welcher nächste Schritt folgen kann.

Nur durch beständiges Beobachten nehmen wir die Reaktionen unseres Gegenübers wahr, nur dann sehen wir, ob die Sonne aufgeht oder nicht, ob der andere strahlt oder nicht, was es braucht, um die Energie und Vitalität im Gespräch anzuheben.

In dem Moment, in dem wir beginnen, Menschen als solch einen „Strom der Ereignisse" wahrzunehmen, können wir merken, wie die erste gedankliche Festlegung schwindet. Begegnungen und Gespräche werden interessanter und leichter, wenn man den Fokus auf den Fluß der Veränderungen legt. Wir kommen mit Menschen in eine „strömende" Begegnung, die viel Neues offenbart und wir selber werden dabei sehr friedlich. Weil wir nicht so sehr an Einzelheiten festhalten, werden wir auch nicht so schnell emotional verstrickt sein und deshalb erlebt man ein beeindruckendes Gefühl von Frieden. Beobachten ist eine sensible, leichte und aufmerksame Achtsamkeit.

Was hindert uns daran, in solch einer Art und Weise zu beobachten? Warum ist es so schwer, einfach nur zu beobachten?

Wir sind es sehr gewohnt, alles zu interpretieren. Selbst in der Wissenschaft werden aus neuen Entdeckungen sehr viele Schlüsse gezogen, die alle nur auf Interpretationen beruhen.

Man könnte auch sagen: „Die Wissenschaft ist ein Berg von Interpretationen auf einem kleinen Hügel von Bewiesenem." (Martin Sage)

Wir lernen, uns Meinungen zu bilden und Standpunkte zu haben und wir halten gerne daran fest. Das gibt uns Sicherheit. Deshalb nehmen wir eine Momentaufnahme und machen uns dadurch ein starres Bild von dem Menschen. Wir glauben, dass so das Leben einfacher werde. Habe ich ein festes Bild, dann sortieren sich einige Menschen schon von alleine aus. Wir nehmen dann die verschiedenen Puzzleteile und basteln die Schublade, in die sie gehören. Das kann ungefähr so ablaufen:

„Aha, Versicherungsmakler – (meistens alles Verbrecher), extrovertiert, redet viel – (der findet sich toll und will mir was verkaufen)" usw., bis wir zum Schluss kommen: „Klar, der Typ ist Versicherungsmakler, mit dem will ich nichts zu tun haben!"

Wenn wir Beobachtungen nutzen, um sie mit den eigenen Meinungen und Vorurteilen zu verbinden, sperren wir die Menschen in Schubladen, anstatt mit ihnen in einen Prozess zu gehen, wo wir immer Neues entdecken können. Der Prozess des Beobachtens ist offen und wandelt sich, ohne jemanden festzulegen.

So wie wir es gewohnt sind, zu interpretieren und Meinungen zu haben, sind wir auch daran gewöhnt, unsere Wahrheit für absolut zu halten. Doch die Wahrheit ist vielfältig und ein objektives Beobachten ist eigentlich nicht möglich. Alles, was wir beobachten, ist eingefärbt. Wir projizieren unsere eigene Sicht der Dinge auf alles, was uns umgibt.

Ein Freund von uns kannte eine Malerin, die vor allem Portraits malte. Auf allen Bildern sah man Menschen mit traurigen Augen, und wenn man in die Augen der Malerin sah, fand man die gleiche Traurigkeit wie auf den Bildern. Alles, was wir sehen, ist gefärbt durch unsere Augen, durch Projektion. Wir sehen nicht nur, wie jemand ist, sondern färben es damit, wie wir sind. Die Realität kennen wir nicht, doch wir versuchen, uns schrittweise der Wahrheit anzunähern. Objektive Beobachtung ist die Idee und wir versuchen, sie anzuwenden, wann immer wir können. Es ist am Anfang ungewohnt, mit offenem Ergebnis zu beobachten und es ermöglicht einem eine völlig neue Art der Begegnung.

Wie wirkt Beobachten, was erzeugt es?

Genaues Beobachten klärt den Raum zwischen den Menschen durch die Aufmerksamkeit. Jedes Mal wenn wir uns auf die Aktion oder die Realität zwischen uns und den anderen Menschen konzentrieren, fallen Interpretationen weg. Also könnte man auch sagen, dass durch das Werkzeug BEOBACHTEN der Raum zwischen den Menschen frei von Interpretationen wird und damit klar ist.

Beobachten ist die Voraussetzung für jede Kommunikation. Wenn ich nicht beobachte und wahrnehme, was andere tun, kann ich keine Teams führen, kein Feedback geben etc. Dann bewegt sich alles nur im Bereich der Befindlichkeiten. Die meisten Menschen sind so sehr mit sich selbst beschäftigt, dass sie wenig wahrnehmen, was andere tun. Dann findet keine Kommunikation statt, sondern jeder redet nur über sich oder über Angelegenheiten, die gerade für den Moment nicht relevant sind.

Mit dieser Klarheit eröffnen sich uns Möglichkeiten zum Handeln. Mit der Beobachtung sind wir auf eine sehr sachliche Art und Weise in der permanenten Reflexion unseres Handelns. Das ermöglicht es uns, in jedem Moment unwirksame von wirksamen Handlungen bzw. Aktionen zu unterscheiden. Beobachten erzeugt also Klarheit und Handlungsspielraum. Damit können Spannungen sich beruhigen, und mit dem positiven Schwingungspotenzial macht sich eine friedliche Grundstimmung breit.

Und genau das hat Einfluss auf das Kommunikationsmuster der Menschen und verändert die Situation. Wenn wir einem Menschen begegnen, machen wie einen Schnappschuss und bemerken erst einmal ein paar Eigenheiten und auch den Level der Vitalität. In dem Moment, in dem wir den Menschen begrüßen, verändert sich das Muster sofort, wenn wir nicht fixieren und festlegen. Sind wir präzise in unseren Beobachtungen, das heißt, so nah wie möglich an der Wahrheit, dann können wir schauen, welcher Satz oder welches Thema die Energie der Begegnung in die gewünschte Richtung bringt. Wir sind rezeptiv, nachgiebig und beobachten, was passiert. Es ist wie ein behutsamer sensibler Tanz aus Folgen und Führen.

Ebenso unterstützt uns das Werkzeug BEOBACHTEN darin, die Dinge und Aktionen nicht persönlich zu nehmen. Indem ich beobachte, gewinne ich genügend Abstand zu den Ereignissen. In erweiterter Form geschieht das, wenn wir uns selbst beobachten. Alles, was passiert, ist interessant und man ist neugierig darauf, wie es weitergeht. Wenn Sie in solch einem Status sind, das Werkzeug im „ständigen Gebrauch" haben, dann bemerken Sie, welch Frieden im Inneren entsteht, indem Sie Verhaltensweisen, Stimmungen und Atmosphären einfach nur wahrnehmen, ohne sie zu interpretieren.

Wie wenden wir es an? Wie benutzt man das Werkzeug Beobachten?

Die meisten Menschen sind gute Beobachter. Das Entscheidende ist jedoch, dass wir keine Schlüsse aus unseren Beobachtungen ziehen und nichts interpretieren.

Das Werkzeug BEOBACHTEN ist einfach, wenn wir in genau dem Raum bleiben, in dem wir beobachten und wahrnehmen, ohne zu fixieren und festzulegen. Mit der

Zeit werden uns immer mehr Einzelheiten auffallen, dann werden wir Veränderungen immer präziser bemerken. Die größere Herausforderung ist es, keine voreiligen Schlüsse zu ziehen und offen zu bleiben für das, was als nächstes passiert.

Tatsachen beschreiben

Zu Beginn kann es hilfreich sein, einfach Tatsachen zu beschreiben: Wie ist die Körperhaltung, ist jemand groß oder klein usw. Dann lenken Sie Ihre Aufmerksamkeit auf die Erscheinung. Strahlt jemand oder wirkt er angespannt, ist er präsent oder versteckt er sich usw. Dann beobachten Sie, was passiert mit Ihnen selber, was verändert sich bei Ihnen, wenn die Person den Raum betritt und was passiert mit anderen Menschen. Werden Sie lebendiger oder müder, entspannen alle oder werden alle angespannt usw.

Sie werden sehen, ob sich jemand öffnet oder verschließt, eine Seite des Körpers lebendiger wird, mehr Bewegung im Körper entsteht usw. Man kann so viele Dinge beobachten. Ist der Körper an manchen Stellen angespannt, ist der Kopf mehr auf eine Seite geneigt, fühlt sich jemand wohl oder unwohl in seinem Körper, wie bewegen sich die Augen, wie atmet jemand und all dieses gibt einem Indikatoren der Lebendigkeit.

Sie werden deutlich sehen können, welche Veränderungen Menschen bewirken, wenn sie in eine Gruppe von Menschen kommen und Sie werden deutlich sehen können, in welcher Weise dann die anderen in der Gruppe reagieren, was bei denen passiert. Wenn Sie einen Raum betreten, können Sie die Kommunikationsmuster zwischen den Menschen lesen, wie andere beim Betrachten der Natur das Wetter „lesen" können.

Wenn Sie geübt im Umgang mit den Werkzeugen sind, werden Sie sie mit der Zeit fast automatisch einsetzen, um die Begegnung lebendig und verbindlich zu gestalten.

Auch das Nicht-Sichtbare

Wir beobachten nicht nur die sichtbaren Fakten, sondern auch das Nicht-Sichtbare wie Verstimmung oder Müdigkeit oder Glückslevel oder verschiedene Level der Lebendigkeit. Wie tut man das? Die Antwort ist: Man hört mit den Augen zu. Es gibt mehr zu beobachten als das, was man mit den Augen sieht. Wir beobachten oder nehmen mit unserem ganzen Sein wahr. Wir bemerken das Level unserer Vitalität, Stimmungen, die uns ereilen, Gedanken, die uns durch den Kopf gehen. Aus der Begegnung und dem, was die Begegnung in uns auslöst, spüren wir, wie sich unsere Vibration verändert und wie die Vibration des anderen sich verändert. Wir werden ein Teil des unsichtbaren Musters, ohne ein Teil zu sein. Das klingt vielleicht paradox. Doch es ist so, dass wir wahrnehmen, was mit uns in der Begegnung passiert und wir beobachten das. So sammeln wir nicht nur Informationen im Außen, sondern benutzen uns selbst als Spiegelfläche.

Dafür benutzt man alle Transformer, die wir bislang kennen gelernt haben. Wir entspannen, beobachten die Umgebung, in der wir uns befinden, stellen Verbindung her . . . Dieser Transformer läuft beständig mit. Wir nehmen wahr, wir benutzen die anderen Transformer und nehmen wieder wahr. Also zum Beispiel nehmen wir wahr, dass Anspannung im Raum ist und entspannen daraufhin (Contemplation). Anschließend nehmen wir wahr, was sich verändert. Dann sprechen wir eine Anerkennung aus oder geben Feedback und nehmen wiederum wahr, was passiert usw.

Was Sie wahrnehmen, sind Bewegungsmuster, Muster der Lebendigkeit und deren Wirkung auf andere Menschen. Wenn man in einer Gruppe zusammensitzt, man hat eine gute Zeit, lacht viel usw. und eine neue Person kommt dazu, die müde oder ärgerlich oder traurig ist, können Sie sofort die Veränderung in der Gruppe wahrnehmen. Es ist, als ob ein Nebel in die Gruppe zieht, die Bewegungen verändern sich, die einzelnen sind plötzlich isolierter voneinander und das ganze Feld verändert sich als Antwort auf die Stimmung einer einzelnen Person.

Man erhält eine unglaubliche Anzahl von Informationen und weil man seine ganze Aufmerksamkeit auf den Prozess des Beobachtens gelenkt hat, wird man friedlich. Durch das Beobachten bleibt man in einer Distanz und läuft nicht Gefahr, emotional verstrickt zu sein.

Neugierde

Um so tief mit Leuten in Kontakt zu gehen, brauchen wir einen wichtigen Motor. Dieser Motor ist die Neugierde. Und zwar haben wir nicht die Neugierde, sondern wir sind Neugierde.

In Kindern kann man die Neugierde deutlich sehen, genauso wie die Lebendigkeit, die damit einhergeht. Neugierde ist der Motor für viele Aktionen. In unserem Fall, beim Werkzeug BEOBACHTEN, neugierig zu sein auf den anderen Menschen.

Wie wir schon im ersten Teil beim Thema Meinungen beschrieben haben, legen Meinungen über Menschen uns fest und erzeugen Verhaltensmuster. Mit der Neugierde beim Werkzeug BEOBACHTEN schieben wir Meinungen beiseite und fragen uns: „Was ist noch da, ah, das ist gut, was noch?"

Neugierde heißt nicht wissen. Nur wenn wir uns bewusst darüber sind, dass wir die Wahrheit eines Menschen nicht erfassen können, uns ihr nur ein Stück weit annähern können, bleiben wir wach und offen. Neugierde ist lebendig, voller angenehmer Spannung und freudiger Erwartung, immer im positiven Sinne. Nehmen Sie das in Deutschland Bekannte Ei aus Schokolade mit Spielzeug drin. Auch als Erwachsene kann man sich noch daran erfreuen: das Ei schütteln und versuchen herauszufinden was drin ist. Dann reißt man erst das Papier ab, zerbröselt die Schokolade oder teilt das Ei in zwei Hälften und dann kommt die gelbe Plastikpackung zum Vorschein. Noch mal rappeln? Was könnte es sein? Und dann erst schaut man rein . . . In der ganzen Zeit hat man diese freudige Erwartung in den Augen, diese Versunkensein . . .

Wenn wir ebenso neugierig sind auf Menschen, dann öffnet sich eine ganz neue Dimension. Der Mensch hat einen Vorteil gegenüber den Eiern mit der Überraschung drin: Man wird nie zu dem Punkt kommen, dass die Figur fertig vor einem steht, es geht immer weiter.

Lichter fangen

Um den Prozess des Messens leichter zu machen, benutzen wir ein sehr einfaches System. Dabei geht es um nur eine Frage: Strahlt der Mensch oder nicht, gehen die Lichter an oder aus?

Im Sinne von *„Wenn Du den Raum betrittst, geht die Sonne auf!"* ist das natürlich ein wichtiges Messinstrument. Also wir könnten auch fragen: Geht die Sonne auf oder unter? Wenn wir mit Menschen kommunizieren, geht unsere Neugierde dahin, den anderen zum Strahlen zu bringen, ihm die Lichter an zu machen, die Sonne aufgehen zu lassen. Eine Kollegin von uns nannte es einmal „Lichterfangen".

Wie auch immer Sie es nennen, es ist äußerst spannend und angenehm. Automatisch lenken wir dabei den Fokus auf das Positive in unserem Gegenüber. Das Ergebnis ist, dass wir mehr angenehme Begegnungen haben und uns viel weniger Leute auf die Nerven fallen!

Unsere Erfahrung ist es, dass eine völlig neue Art des Kontaktes entsteht und sich eine ganz neue Dimension eröffnet, wenn man das Werkzeug BEOBACHTEN gut trainiert und immer „bei sich trägt".

Es ist die Grundlage für das nächste Werkzeug UNTER-SCHEIDEN, das Klarheit und Entschlossenheit in die Kommunikation bringt.

„Bis sich jemand verpflichtet hat, ist da ein Zögern,
die Möglichkeit zum Rückzug (…) und immer Untauglichkeit.
Über Entschlußkraft und Schöpfung
gibt es eine grundlegende Wahrheit;
die Unkenntnis davon zerstört unzählige Ideen
und großartige Pläne – und das ist, daß in dem Moment,
da jemand sich endgültig verpflichtet,
dann auch die Göttliche Vorsehung Einzug hält."
(J. W. v. Goethe, *22)

UNTERSCHEIDEN

**Was funktioniert, was funktioniert nicht?
Ist die Energie hoch oder niedrig? Was ist
die Realität und was ist Interpretation?**

Eine Coaching-Kundin erzählte uns von folgender Erfahrung: Letztes Jahr hatte sie vor, eine längere weitere Reise zu machen, die für ihre Familie und auch finanziell herausfordernd war. Wie organisiert man das mit den Kindern, während ihrer Abwesenheit, da ihr Mann beruflich viel unterwegs ist. Sie haderte mit ihrer Entscheidung mehrere Monate. Es gab diese eine Seite, die gerne die Reise gemacht hätte, die auch wusste, dass es sie in einigen Aspekten auch beruflich weiterbrachte und die Bedenken, von denen sie ahnte, dass auch ihr Mann diese hatte.

Als sie dann endlich mit ihrem Mann eine Entscheidung herbeiführen wollte, gab es einen Riesenkrach. Sie entschied dann, dass es tatsächlich nicht der richtige Zeitpunkt ist, und es momentan zu viel Unruhe und Stress führt und sie hatte auch keine Lust, gegen den Widerstand ihres Mannes, das durchzuziehen.

Zwei Monate später tauchte wieder die Gelegenheit und das Bedürfnis zu dieser Reise auf. Dieses Mal war in ihr eine klare Entschiedenheit, dass sie das jetzt machen wird. Es war genug Geld da, zeitlich ließ sich das auch organisieren und es war keine Frage für sie, dass sie nun fahren würde. Als sie mit ihrem Mann darüber sprach, tauchte keinerlei Widerstand auf. Ihr wurde zu diesem Zeitpunkt erst klar, wie unentschieden sie die Monate davor gewesen war und ohne diese innere Klarheit, ist außen auch der Widerstand entstanden. Was aber eine sehr eindrückliche Erfahrung war: Durch die Klarheit und Entschiedenheit ist ein unglaublicher Energieschwung gekommen. Alles war leicht zu organisieren, es kamen Aufträge, sie war wochenlang in guter Stimmung und hoch motiviert.

Das ist es, was durch Entschiedenheit entsteht. Solange man sich mit dem Treffen von Entscheidungen beschäftigt, ist es oft neblig, zäh und anstrengend. In dem Moment, in dem man eine Entscheidung trifft, kommt wieder Klarheit und Energie. Dann ist es fast gleichgültig, was man entscheidet, man ist wieder fähig zu handeln und die Dinge voranzubringen.

Entscheidungen bringen Klarheit, Energie und Zielrichtung. Sicher kennen Sie auch ähnliche Situationen, in denen Ihnen Entschiedenheit weitergeholfen hat. Unterscheiden ist die Fähigkeit, Dinge zu sortieren, Entscheidungen zu treffen und aus der Welt des Denkens in die Welt der Aktion zu gehen. Es hilft uns, durch den Wald von Emotionen, Stimmungen und Meinungen zu navigieren. Es hilft uns, den Weg zu finden, eine Begegnung lebendig und wertschätzend zu gestalten.

Dafür brauchen wir einen geteilten Fokus. Das bedeutet, dass ich die Situation, in der ich mich befinde, erlebe und gleichzeitig auch den größeren Zusammenhang erkennen kann. Ich fahre mit dem Auto durch den Wald, ich sehe die einzelnen Bäume und weiß trotzdem, dass es der Schwarzwald ist, durch den ich fahre.

Je mehr wir uns in der realen Welt, der Gegenwart, befinden und weniger in unseren Gedanken, desto mehr Energie und Lebendigkeit spüren wir.

Die Welt der Interpretationen und Vermutungen ist diffus und nebulös, wenig real. In diesem „Nebel" schweben wir müde und erschöpft von einer Interpretation zur nächsten.

Was ist Unterscheiden?

Bei der Anwendung des Werkzeugs BEOBACHTEN, sammeln wir Informationen – mit dem Werkzeug UNTERSCHEIDEN sortieren wir diese Informationen.

Das Werkzeug UNTERSCHEIDEN befähigt uns, Veränderungen festzustellen und versetzt uns damit in die Lage, unsere Kommunikation so einzusetzen, dass sich Situation, Konflikt, Gespräch, Begegnungen positiv verändern. Erst wenn wir Veränderungen wahrnehmen, können wir darauf eingehen.

Vitalität, Vertrauen, Wohlwollen sind ja in der materiellen Welt nicht sichtbar, genauso wie der Wind in der Natur nicht sichtbar ist. Er wird sichtbar an den Veränderungen, die er bewirkt. Wir sehen den Wind, weil wir die Wolken am Himmel ziehen sehen oder weil wir die Bewegungen von Pflanzen sehen, die der Wind bewegt oder weil wir das Flattern einer Fahne sehen. Genauer gesagt, wir unterscheiden: bewegt sich die Fahne, der Baum, die Sträucher oder nicht?

Genauso wenig sehen wir Wohlwollen, Vertrauen oder Lebendigkeit. Wir sehen dies alles nur an den Veränderungen, die wir wahrnehmen. Letztendlich können wir Unterscheidung herunterbrechen auf die Fragen: Ist es gleich oder anders als vorher? Funktioniert etwas oder nicht?

Dadurch fallen viele emotionale Reaktionen weg, die uns die Kommunikation schwer machen. Jemand schreit mich an: Normalerweise habe ich darauf eine emotionale Reaktion, fühle mich verletzt, bin ärgerlich usw. Oder ich beobachte, was passiert und stelle fest, dass das nicht funktioniert. Dann reagiere ich nicht aus einer emotionalen Verstrickung, sondern sortiere die Ereignisse nach „funktioniert etwas oder nicht".

Wir navigieren durch die Hindernisse der Kommunikation, so wie wir durch einen Wald navigieren. Wenn Sie im Wald sind, machen Sie einen Unterschied zwischen dem Wald und den Bäumen oder zwischen Bäumen und dem Weg dazwischen. So unterscheiden Sie zwischen Aktionen, Stimmungen, Atmosphären, die funktionieren, in denen die Kommunikation entspannt und fruchtbar weitergeht, und solchen, in denen Kommunikation stoppt, die Energie sinkt, Kommunikation nicht mehr inspirierend ist.

Wir unterscheiden bei Aktionen der anderen und auch bei unseren eigenen Aktionen. Wir sagen etwas und unterscheiden: War das inspirierend für den anderen oder nicht? Hat es die Situation belebt oder nicht? Hat es also funktioniert oder nicht?

Mit dem Werkzeug UNTERSCHEIDEN gehen wir mehr und mehr ins Detail und können so auch immer konkreter werden in der Anwendung der anderen Werkzeuge. Wir können damit auch immer klarer erkennen, was notwendig ist, um die Kommunikation in eine wertschätzende und gelingende Richtung zu lenken. Wir finden damit den Weg durch die Hindernisse in der Kommunikation.

Was hindert uns daran?

Zwei Gedanken hindern uns daran, das Unterscheiden anzuwenden. Zum einen ist es unsere Melancholie, dieser stimmungsvolle Nebel, in dem wir unentschlossen von einem Gedanken zum nächsten schweben. Zum anderen gibt es den immerwährenden Wunsch, die perfekte Entscheidung zu treffen.

Jede Entscheidung schließt eine andere Möglichkeit zunächst aus. Eine Möglichkeit auszuschließen macht Angst davor, dass wir die falsche Entscheidung getroffen haben.

Ganz eindrücklich kann man das in dem Kinofilm »Lincoln« sehen. Der Präsident der Vereinigten Staaten hatte gegen Ende des amerikanischen Bürgerkrieges eine Entscheidung zu treffen. Die Unterhändler waren schon auf dem Weg zu ihm, um mit ihm die Beendigung des Krieges zu verhandeln. Diese Verhandlungen hätten wahrscheinlich den Krieg beendet und damit vielen Menschen das Leben gerettet. Doch dann hätte sich an der Situation der Schwarzen, die in der Sklaverei lebten, nichts verändert. Er entschied sich dafür, das Ende des Krieges hinauszuzögern und konnte damit die Verfassungsänderung zur Abschaffung der Sklaverei im Kongress durchbringen. Keine einfache Entscheidung!

Was erzeugt es, wie wirkt es?

Unterscheiden bringt Klarheit, schärft die Aufmerksamkeit und führt uns geradewegs hinaus aus der Welt der Interpretationen.

Menschen, die unentschieden sind, wirken oft unklar und haben eine neblige Erscheinung. Wenn wir also in bestimmten Situationen und Begegnungen das Werkzeug UNTERSCHEIDEN anwenden, wird sowohl bei uns selbst, als auch in der Verbindung, Begegnung oder der ganzen Gruppe mehr Klarheit entstehen. Durch Klarheit entsteht Aktion. Wenn wir Unterscheidungen treffen, bekommen wir den Schubs in die Aktion.

Wenn Sie mit Menschen zusammenarbeiten und es tauchen schlechte Eigenschaften oder Angewohnheiten auf, die einen unter Umständen wirklich zur Weißglut treiben können, dann reagieren Sie aus der tiefen Emotion. Sie werden sich beschweren, Sie werden den anderen kritisieren oder sind damit beschäftigt, sich von der Emotion zu lösen, indem Sie sich das Verhalten erklären. Doch was erzeugen Sie dann dadurch? Streit, Konflikt, Widerstände. Doch wenn Sie das Werkzeug UNTERSCHEIDEN benutzen, haben Sie gute Chancen, ruhig zu bleiben und erst einmal die Situation zu betrachten. Dann können Sie sortieren, was in der Situation funktioniert und was nicht funktioniert. Was führt uns als Team zu unserem Ziel und was nicht?

Wenn wir in Projekten zusammenarbeiten und jemand tut etwas, so können wir einfach aussortieren, ob diese Tat das Team dem Ziel nähergebracht hat oder nicht. Also wir unterscheiden, ob etwas funktioniert oder nicht, ob die Energie und Vitalität zunimmt oder abnimmt und wir unterscheiden, ob das von uns gerade Bemerkte der Realität entspricht oder nicht.

Unsere eigenen Reaktionen auf das Verhalten unserer Mitmenschen können wir auch mit dem Werkzeug UNTERSCHEIDEN analysieren. Habe ich etwas persönlich genommen oder interpretiere ich? Wir können fragen: Ist es die Realität? Dadurch entsteht Klarheit.

Byron Katie hat in ihrer Arbeit, die sie »The Work« nennt, vier Fragen entwickelt, mit denen sie Menschen hilft, Klarheit über ihre Empfindungen zu bekommen.

→ Ist es wahr?

→ Kann ich mit absoluter Sicherheit wissen, dass das wahr ist?

→ Was für ein Gefühl erzeugt dieser Gedanke? Wie reagiere ich auf diesen Gedanken?

→ Wer wäre ich ohne diesen Gedanken?

Vier Fragen, vier Entscheidungen oder Unterscheidungen und am Ende viel Klarheit!

Die Haltung bei dem Werkzeug UNTERSCHEIDEN, die dabei hilft, das Werkzeug müheloser jenseits einer Technik anzuwenden, ist neben der Klarheit auch die Wertschätzung.

Wenn es um wertschätzende Kommunikation geht, fokussieren wir uns nicht auf die dunkle Seite der Vorstellungskraft, sondern auf das Wunderbare, das Brillante in Menschen. Mit dem Glauben an das Gute und die Brillanz in den Menschen und dem Blick auf die Realität, nähern wir uns der Wahrheit an. Wir beobachten, was wir wirklich sehen und wahrnehmen können, wir treffen darin die Unterscheidungen, und wenn wir aussprechen, was wir beobachtet haben, sind wir beim nächsten Werkzeug, dem FEEDBACK.

„Auch dem Erteilen von Ratschlägen kann eher das Bedürfnis nach Selbstdarstellung zugrunde liegen als echtes Interesse an dem Hilfesuchenden."
(Swami Sivananda Radha, *23)

FEEDBACK

Aussprechen, was man beobachtet hat

Eine Kollegin erzählte uns eine Geschichte aus ihrer Anfangszeit als Coach und Trainerin. Sie hatte ein Verkaufstraining organisiert, zu dem sich allerdings nur eine Person angemeldet hatte. Diese Person war eine Angestellte eines guten Freundes, weshalb sie das Seminar mit dieser einen Teilnehmerin durchführte. Es war ihr ein bisschen unangenehm, dass Sie nicht mehr Teilnehmer vorweisen konnte. Die Kundin war aber nach dem Seminartag sehr zufrieden.

Zu Hause wieder angekommen hatte sie mit ihrem Mann ein Gespräch über das Seminar. Ihr Mann hatte einiges an Ratschlägen parat, wie sie denn in Zukunft ihre Seminare im Vorfeld besser organisieren könne. Jeder kennt sicherlich die Situation, dass man schon selbst gemerkt hat, dass man einiges hätte besser machen können, und andere dann mit ihren klugen Ratschlägen in die gleiche Kerbe hauen. Auf jeden Fall konnte unsere Kollegin feststellen, wie sie auf der einen Seite immer wütender wurde über ihren neunmalklugen Mann und auf der anderen Seite aber immer stärker in die Rechtfertigung rutschte, warum das alles nicht besser lief. Die Situation war im Grunde ziemlich absurd, da sie ja wusste, dass ihre Kundin sehr zufrieden war und es eigentlich nicht wirklich ein Problem gab.

An einem bestimmten Punkt in dem Gespräch (oder gar Streitgespräch) hielt unsere Kollegin inne und überlegte, was ihr Mann mit diesem Gespräch eigentlich bezweckte. Wahrscheinlich nicht unbedingt einen Streit, auch wenn es dazu fast kam. Sie sagte dann zu ihm: „Ich nehme an, dass Du gerne möchtest, dass ich erfolgreich bin". Er antwortete: „Klar, was denn sonst?"

Darauf antwortete sie: „OK, aber so funktioniert das nicht, ich fühle mich kritisiert und belehrt." Ihr Mann konnte an dieser Stelle sofort lockerlassen und sie beendeten das Gespräch und die Stimmung war wieder entspannt.

Unsere Kollegin konnte an dem Punkt des Innehaltens innerlich zurücktreten, (nachgeben) und dann Feedback geben. Dadurch hat sich das ganze Gespräch verändert. Ansonsten hätten die beiden noch lange darüber diskutieren können, wie man Dinge besser machen könnte, was für beide ärgerlich und ermüdend war.

Was ist Feedback?

Feedback heißt: sagen, was man sieht. Mit Beobachten sammeln wir Informationen, mit Unterscheiden sortieren wir diese Informationen und mit Feedback sagen wir, was wir sehen. Wir drücken aus, was wir wahrnehmen.

Wir denken sehr oft, wir gäben Feedback, wenn wir kritisieren und Ratschläge geben. All das beinhaltet, dass der andere nicht in Ordnung ist. Wir stellen uns über ihn und glauben, dass wir mehr wissen.

Dann machen wir die Erfahrung, dass beim anderen der Rollladen runtergeht und er sauer wird. In der Folge schießt er zurück, aber wird nicht sein Verhalten verändern.

Es ist die menschliche Natur, zu kritisieren und die anderen falsch zu machen. Wir sind die dominante Spezies auf diesem Planeten und haben uns über die anderen gestellt. So agieren wir auch miteinander. Die Menschen reagieren dann mit Rechtfertigung und Gegenangriff.

Die Kunst besteht darin, Feedback so zu geben, dass der andere es verdauen kann. Feedback im Wortsinne heißt „zurückfüttern".

Es ist der normale Rhythmus von ein- und ausatmen, wir nehmen auf, wir nehmen Sauerstoff auf, wir nehmen Nahrung auf und wir nehmen auch Informationen auf. So wie die Luft rein sein muss zum Atmen, so wollen wir auch, dass unsere Nahrung verdaubar ist. Nahrungsmittel, die wir nicht vertragen, also nicht verdauen können, nehmen wir normalerweise nicht zu uns. Genauso ist es mit Informationen. Deshalb ist es so wichtig, Feedback so zu auszusprechen, dass es für den anderen verdaubar ist, am besten so, dass es ihm „schmeckt".

Von großer Bedeutung dabei und Quelle für Missverständnisse ist unsere innere Haltung. Man ist der festen Überzeugung, Feedback zu geben und sendet es mit einer beeindruckenden Ladung von Emotionen. Dann ist die Information sozusagen mit Emotionen verseucht, auf die wir sehr schnell und ebenfalls voller Emotionen reagieren. Auf jeden Fall „schmeckt sie uns nicht".

FEEDBACK ist immer neutral, das heißt ohne Bewertung, Urteil und Interpretationen. Feedback ist also die Beschreibung eines Ereignisses, einer Tat, einer Reaktion wie sie erscheint. Dabei versuchen wir, so nah wie möglich an der Realität, an dem, was jeder sehen und wahrnehmen kann, zu sein.

Was erzeugt es?

Mit FEEDBACK lenken wir die Aufmerksamkeit auf die Handlung, auf die Aktion. Wir gehen raus aus der Welt der Interpretationen, hinein in die Welt der Aktionen und Taten. Wenn Feedback nicht emotional und bewertend ist, sondern beschreibt, was wir beobachten, hat unser Gegenüber die Möglichkeit, das Ereignis zu betrachten.

In einem Team ist in der Zusammenarbeit das Wichtigste der Teamgeist. Teamgeist entsteht durch Wertschätzung und ein gemeinsames Ziel. Dann kann man davon ausgehen, dass alle ihr Bestes geben. Natürlich passiert es trotzdem immer wieder, dass der Spaß und die Effektivität sinken.

In dieser Situation ist es am besten, immer dem ganzen Team Feedback zu geben und zwar in der Form, dass alle selbst bemerken können, was passiert: „Bringt dieser Vorschlag die Energie nach oben oder unten?" „Jemand scheint gerade mit anderen Dingen beschäftigt zu sein, was man an der Zerstreutheit einiger Teammitglieder bemerkt", usw. So fühlt sich niemand falsch, alle lernen zu beobachten und bemerken, was gerade aktuell passiert. Es geht nie darum, jemanden zu verändern oder zu Einsichten zu bewegen, sondern darum, alle wieder auf das Ziel und den Spaß zu fokussieren.

Mit Feedback kreieren wir eine Art Spiegel für unser Gegenüber. Wir drücken aus, was wir sehen, beobachten, bemerken oder wahrnehmen. Es macht wach und aufmerksam für die realen Ereignisse. Mit Feedback lenken wir die Aufmerksamkeit auf eine Aktion. Es ist, als ob wir einen Ball in Bewegung setzen.

Damit geht die Aufmerksamkeit des anderen weg von sich selber, weg von dem falschen Selbstbild, bei dem wir oft nicht gut wegkommen, hin zu einer Aktion. Wir nennen es auch „Eventspeaking", also in „Taten sprechen". Was wir dabei reflektieren, ist das Ereignis.

Wenn wir attackieren, beschuldigen, vorwerfen, dann geht die Aufmerksamkeit unseres Gesprächspartners auf ihn selbst. In diesem Moment ist diese Person vor allem mit sich selbst beschäftigt und nicht mit dem Ereignis, über das wir sprechen. Die Person ist beschäftigt damit sich „falsch zu fühlen", sich „zu verteidigen", „die Ursache beim anderen zu suchen" usw. Wenn wir mit uns selbst beschäftigt sind, sind unsere Gedanken sehr schnell mit Emotionen verstrickt und dann sehen wir die Welt durch eine bestimmte Brille. Doch wenn unsere Aufmerksamkeit auf „etwas" gelenkt wird, dann sind wir nicht mehr von der Emotion abgelenkt.

Wenn Sie etwas tun, das Ihre ganze Aufmerksamkeit auf sich zieht, ist da meist kein Platz für Emotionen. Viele Teams in Krankenhäusern berichten, dass sie in einem Notfall ein gutes Team sind. Warum ist das so? Weil in einem Notfall die ganze Aufmerksamkeit auf das Ereignis gelenkt ist und niemand darüber nachdenkt, wie er sich jetzt fühlt, ob er das jetzt gerecht findet, dass er die und die Aufgabe aufgetragen bekommt.

Es ist ein Ereignis, das entweder aufgetreten ist oder sich gerade ereignet. Es wird so präzise wie möglich beschrieben, wir gehen mit unserer Beschreibung so nah an die Realität wie möglich. So, dass es wie bei einem Film zurückgedreht werden kann. Es geht darum, dass alle die gleichen Informationen haben, wie bei einem Orchester. Wir sind alle auf der gleichen Seite, beim gleichen Takt, bei der gleichen Note.

Das ist das Ziel, wenn wir Feedback benutzen. Die Aufmerksamkeit auf das Ereignis zu lenken.

Dann fangen die Menschen an, freiwillig ihre Fehler auf den Tisch zu legen. Wenn sie wissen, sie werden nicht herabqualifiziert, wenn sie wissen, sie werden weder entmutigt noch kritisiert. Wir Menschen wollen lernen und wir lernen am meisten durch Fehler. Doch unser Umgang mit Fehlern und Missgeschicken ist nicht angenehm. Wir wollen perfekt sein, fehlerfrei. Doch wir sind Menschen! Wir können unser Bestes tun, doch wir werden nie fehlerfrei sein.

Natürlich sind die Ereignisse, die wir beobachten, immer ein Stück weit eingefärbt durch unsere eigene Sicht der Dinge. Deshalb können wir nur so nah wie möglich an eine objektive Beschreibung der Ereignisse herankommen. Dessen sind wir uns bewusst und geben unser Bestes.

Was macht es schwer?

Feedback ist relativ simpel: Wir beschreiben ein Ereignis, das ist alles. Doch was macht es uns schwer, dieses einfache Werkzeug anzuwenden?

Unserer menschlichen Natur entspricht die Idee, dass wir besser aussehen, wenn wir andere ins schlechte Licht rücken und unser Hang, die Ereignisse und Handlungen um uns herum zu interpretieren. Wir haben gelernt, dass wir besser dastehen, wenn wir andere schlecht aussehen lassen. Deshalb funktionieren so viele Fernseh-Reality-Soaps. Dort werden Menschen vorgeführt und wir können zuschauen und sagen, aah, die sind noch schlechter als ich. Deshalb ist Klatsch, Tratsch und Lästern so sehr verbreitet, weil ich die anderen schlecht aussehen lasse, damit ich mein furchtbares Leben nicht anschauen muss.

Deshalb haben wir den Hang dazu, dem anderen mit unserer Rückmeldung „einen reinzuwürgen". Wir glauben, wir gäben Feedback, aber was wir tun, ist kritisieren und dem anderen „die Lichter" aus machen. Deshalb mischen wir negative Haltungen in das, was wir Feedback nennen. Wir tun das alle und es funktioniert sehr häufig auf einer sehr unbewussten Ebene.

Was das Feedbackgeben ebenfalls schwer macht, ist die Tatsache, dass wir zwar Ereignisse wahrnehmen, aber sehr schnell *Interpretationen* um die Ereignisse legen. Dann sind wir ganz stolz darauf, was wir herausgefunden haben und wollen es allen mitteilen. Wir kreieren eine Realität voller Konzepte mit unseren Ideen und verbreiten diese. Wo dieses Gift sehr anschaulich ist, ist beim Lästern.

Ratschläge

Ratschläge geben ist einer der größten „Fehler" in der Kommunikation und ebenfalls eine Form, von der wir fälschlicherweise glauben, dass es Feedback sei. Wir alle machen diesen Fehler. Doch letztendlich erzeugt ein Ratschlag Widerstand. Ratschläge erzeugen das Gefühl, dass einer etwas nicht richtig macht und der andere überheblich ist.

Wir ändern jedoch kein Verhalten durch Bewertungen, Angriffe oder Ratschläge. Menschen verändern ihr Verhalten, wenn sie daraus einen Gewinn für sich selbst entdecken können und dadurch, dass sie sich in ihre Verantwortung begeben.

Wie macht man es?

Feedback zu geben heißt, wie schon weiter oben erwähnt, das, was in der Realität passiert, so genau wie möglich zu beschreiben.

Wir nehmen eine wertschätzende und respektvolle Haltung ein. Wir gehen immer von der Annahme aus, dass die Menschen das Beste tun, was sie können.

Wir sind schnell dabei, die Situationen zu beurteilen oder zu bewerten und wir sind schnell dabei, Menschen aufgrund ihres Verhaltens zu bewerten und zu beurteilen. Wir verbinden die Tat mit der Person. Dann ist es schwer, eine wertschätzende Haltung zu behalten, wenn jemand etwas tut, was für uns nicht nur nicht funktioniert, sondern auch innerhalb unseres Wertesystems als negativ eingestuft wird.

Wenn Sie sich so gut es geht auf die Tat konzentrieren, wird es leichter, den Menschen mit einer wertschätzenden Haltung zu begegnen.

Es ist außerdem hilfreich, Feedback nicht als Feststellung zu geben, sondern in Form einer Frage. Als Coache werden wir dafür bezahlt, dass wir Feedback geben. In der normalen Kommunikation ist unser Feedback nicht immer gefragt bzw. braucht es eine viel vorsichtigere Annäherung, weil hier die Haltung auch entscheidend ist. In manchen Situationen der normalen Kommunikation kann es sehr schnell vorkommen, dass Feedback besserwisserisch wirkt, was es ja nicht sein soll.

Über den Weg, Fragen zu stellen, lässt sich das vermeiden. Sie formulieren dabei das Feedback als Frage: „Kann es sein, dass Du damit viel Spaß hast?" „Was ich sehe . . . Ist das richtig?"„Das regt Dich jetzt aber auf" hört sich belehrend an. „Warum regt dich das so auf?" verändert eher den Fokus.

Bei manchen Situationen bleibt jedoch Feedback eine Beschreibung des Beobachteten. Man kann z. B. sagen: Wenn Du darüber sprichst, wirst Du aufgeregt, traurig, bewegt sich Dein ganzer Körper, siehst Du entspannt aus.

Um es nochmals zu erwähnen: Feedback geben bedeutet in oder über Taten, Aktionen, das, was passiert, zu sprechen. Es soll für alle möglich sein, das Ereignis so gut es geht nachzuvollziehen.

FEEDBACK ist ein kraftvolles Werkzeug, weil es uns wach macht für das, was wirklich passiert, im Hier und Jetzt. Viele Menschen fragen uns in unseren Seminaren, wie wir uns vor den Stimmungen der anderen Menschen schützen können. Feedback zu geben hilft, die Stimmungen bei den anderen zu lassen.

BEOBACHTEN, UNTERSCHEIDEN und FEEDBACK sind die drei Werkzeuge, die uns dabei am effektivsten unterstützen, den Menschen als Strom von Ereignissen zu betrachten. Unterscheiden und zu beschreiben, was man beobachtet und wahrnimmt, hilft dabei, nicht in die Stimmungen der anderen einzusteigen.

Durch unsere beobachtende Haltung bleiben wir ein Stück weit außen vor und können dann im gestalterischen Sinne Einfluss nehmen auf das Miteinander mit unseren Mitmenschen, egal ob privat oder im Beruf. Wenn wir FEEDBACK mit Wärme geben, wird es zur ANERKENNUNG und WERTSCHÄTZUNG, unserem nächsten Werkzeug.

„Durch Anerkennung und Aufmunterung
kann man in einem Menschen die besten Kräfte mobilisieren."
(Charles M. Schwab, 1862 – 1939,
amerik. Stahlindustrieller, *24)

ANERKENNUNG

Anerkennen, was ist – erkennen, sehen, wertschätzen, den anderen in seiner Genialität ansprechen, das Herz aufmachen, Akzeptanz und Respekt, Haltung alle und alles ist in Ordnung

ANERKENNUNG ist das Meisterwerkzeug in der Begegnung mit Menschen. Wenn Sie wissen, wie man Menschen ehrlich anerkennt und zum Strahlen bringt, stehen Ihnen alle Türen offen.

Lola: „Eine Teilnehmerin erzählte mir von einer Bekannten, einer alten Dame, die über 90 Jahre alt wurde und bis ins hohe Alter von vielen jungen Menschen umgeben war. Die jungen Leute taten viel für Sie. Sie gingen einkaufen, lasen ihr vor, kochten für sie. Warum war das so? Sie hatte für jeden ein wertschätzendes Wort übrig. Wer mit ihr in Kontakt trat, fühlte sich wertgeschätzt und anerkannt. Sie war im Alter nicht einsam und verlassen, weil sie wusste, wie sie eine wertschätzende und respektvolle Atmosphäre kreieren kann."

Wenn Sie Menschen anerkennen, machen Sie deutlich, dass Sie diese Person sehen. Jeder Mensch möchte wahrgenommen werden und geschätzt werden. Anerkennung wirkt auf der Herzensebene und stellt sofort eine Verbindung zwischen Menschen her.

Wenn Sie Menschen anerkennen, tun Sie es genauso wie beim Feedbackgeben: Sie sagen, was jemand tut, aber jetzt lieben Sie, was derjenige tut!

Es ist das gleiche Gefühl, das Sie als Elternteil erleben, wenn das Kind den ersten Schritt macht. Sie sind begeistert: „. . . Du hast deinen ersten Schritt gemacht, wow!" Eltern sagen nicht: „Oh Mann, jetzt bist Du schon nach zwei Schritten hingefallen!"

Was ist eine Anerkennung?

Anerkennung ist viel mehr als nur schöne Worte sagen!

→ Anerkennung spricht in Taten.

→ Am wirksamsten sind Anerkennungen, die sich auf das Tun der Menschen beziehen, etwas, was man beobachten kann.

→ Anerkennung ist eine Form von Feedback, das mit Wärme und Wertschätzung gefüllt ist. Zum Beispiel: „Ich habe beobachtet, wie Sie mit Herrn Meier gesprochen haben. Ich fand das sehr bemerkenswert, wie ruhig und geduldig Sie geblieben sind."

→ Es heißt nicht, dass Anerkennungen, die nicht so präzise sind, gar keine Wirkung haben, dennoch: je präziser, desto wirksamer.

→ Anerkennung muss immer ehrlich gemeint sein.

→ Es geht weniger darum, irgendetwas Nettes zu sagen, sondern vielmehr darum, dass das, was man sagt, auch wirklich so gemeint ist.

→ Anerkennung spricht nicht nur über Heldentaten.

→ Es geht manchmal nur um die kleinen Alltäglichkeiten. Hat Ihnen jemand die Tür aufgehalten, dann können Sie darüber anerkennend sprechen. Hat jemand Sie im Auto mit zur Arbeit genommen, dann können Sie darüber sprechen.

Anerkennung ist Feedback mit Wärme gefüllt. Wir sprechen über das, was passiert ist, mit Wertschätzung. Wir erkennen es an.

Was erzeugt Anerkennung?

→ Anerkennung erzeugt Vertrauen, Wohlwollen und Verbindung.

→ Anerkennung lässt den „Empfänger" sich besser fühlen bzw. sich richtig fühlen. Er fühlt sich akzeptiert.

→ Durch Anerkennung entsteht beim anderen das Gefühl, in Ordnung und „richtig" zu sein, dadurch entsteht Selbstvertrauen.

→ Menschen werden stärker und trauen sich mehr zu und sie entwickeln Vertrauen und natürlich Sympathie zu derjenigen Person, die sie anerkennt.

Anerkennung hebt die Energie und steigert die Lebendigkeit in Begegnungen mit Menschen

In den vielen Trainings, die wir in den letzten zehn Jahren durchgeführt haben, konnten wir immer wieder feststellen, dass Anerkennung Nähe erzeugt und Menschen beruhigt und entspannt. Sowohl in Teams, die sich schon vorher kannten, als auch in Gruppen, die sich nicht oder wenig vorher kannten, entsteht mehr Verbindung. Immer wieder beschreiben Teilnehmende, dass die Stimmung entspannter ist, man sich den anderen näher fühlt, sich gesehen fühlt, wenn alle wertschätzend sind.

Wir beobachten in unseren Trainings und Seminaren immer wieder, dass wenn wir das Werkzeug ANERKENNUNG mit den Teilnehmenden geübt haben, die Energie in der Gruppe ansteigt, die Teilnehmenden lebendiger werden und sich deutlich mehr miteinander unterhalten.

In unserer Arbeit als Coach, wenn wir mit Menschen in Einzelsitzungen arbeiten, besteht ein großer Teil der Arbeit in den ersten Sitzungen, den Menschen das Gefühl für ihre eigene Großartigkeit wieder nahe zu bringen.

Wenn sie sich selbst wieder wertschätzender begegnen, dann werden sie stärker, selbstbewusster und leistungsfähiger. Es werden Ziele formuliert und man kann wieder daran glauben, dass man sie erreichen kann. Die Menschen trauen sich schwierigere Aufgaben zu und schieben sie nicht mehr auf.

Anerkennung steigert die Leistungsbereitschaft

Vor ein paar Jahren wurde eine Untersuchung an der Harvard Universität gemacht, aus der sich dann später das entwickelte, was wir heute EQ nennen, emotionale Intelligenz.

Die Wissenschaftler entdeckten, als sie mit Kindern arbeiteten, folgendes: Wenn sie benannten, was die Kinder getan haben, mit Wärme, und diesem Kind für eine bestimmte Zeit ihre Aufmerksamkeit schenkten, war das Kind bereit zu kooperieren. Dann erforschten und beobachteten die Wissenschaftler weiter: Was passiert, wenn sie einmal anerkannten und eine Anforderung stellten und sie zweimal anerkannten und eine Anforderung stellten? So fanden sie heraus: Wenn sie acht Mal anerkannt haben, wurde die Beziehung nachhaltig kooperativ. Also acht ehrlich gemeinte Anerkennungen und eine Anforderung.

In vielen Umfragen sieht man es deutlich und auch wir beobachten es in unserer Arbeit in Unternehmen: Was Menschen sich noch mehr wünschen als mehr Gehalt, ist mehr Anerkennung. Menschen werden loyal und kooperativ, wenn sie Anerkennung erhalten.

Was hindert uns daran, täglich aner-
kennend zu kommunizieren?

Das größte Hindernis liegt für uns darin, dass wir eigentlich nicht gewohnt sind, wirklich wertschätzend und anerkennend zu sein. Wie wir schon im ersten Teil des Buches
beschrieben haben, lernen wir, unseren Fokus auf die negativen Dinge zu lenken.

Die Welt um uns herum konzentriert sich auf das Negative. Zeitungen und Nachrichtenmeldungen sowie Geschichten, die wir uns erzählen, drehen sich allzu häufig
um Katastrophen, Unfälle und schlimme Erlebnisse. Vielleicht wollen wir auf das Schlimmste vorbereitet sein und
deshalb hören wir genau hin.

Es gibt verschiedene Gründe, warum es uns
so schwerfällt, anerkennend zu sein

Es fällt uns schwer, Menschen anzuerkennen, weil wir
vielleicht selbst nicht viel Wertschätzung erfahren haben.
Ein typischer Satz in der deutschen Kultur ist: „Nicht ge-
schimpft ist schon genug gelobt!"

In unseren Trainings beobachten wir oft, dass es Menschen schwerfällt anerkennend zu sein, wenn sie einen unglaublich hohen Anspruch an sich selbst haben. Dann ist
alles selbstverständlich, was man im Alltag tut: „Da gibt's
doch nichts anzuerkennen! Das ist doch normal! Das ist
doch mein Job!"

Ein anderer Grund könnte auch sein, dass wir aus lauter
Angst, zu kurz zu kommen nicht großzügig mit den anderen sein können. Wir erleben das so oft in den Trainings,
dass die Menschen, die sich öffnen, also die ihr Herz öffnen,
auch großzügig werden, andere Menschen anzuerkennen.

**Wie kommen wir in eine anerkennende Haltung,
was macht es uns leicht, anerkennend zu sein?**

Natürlich kann man sagen, dass man sein Herz aufmachen muss, um wertschätzend mit Menschen umzugehen. Das klingt jedoch theoretisch. Betrachten wir den „Vorgang" in einzelnen Schritten:

→ Die Welt umarmen
Praktisch gesehen heißt es erst einmal, die Welt um einen herum wertschätzend anzuschauen. Man könnte auch sagen, positiv zu denken. Wir meinen jedoch mehr, als alles positiv zu sehen, sondern wirklich hinzuschauen, was gefällt mir denn eigentlich in der Welt, in meinem Alltag? Wo kann ich sagen: „Hey, das ist toll!" Das kann der Sonnenaufgang an einem Morgen sein, an dem ich früh aufstehen muss, meine Beziehung zu meinem Partner oder meinen Freunden.

Heike: „Wenn ich frustriert bin, überlege ich mir meist, wofür ich dankbar bin, das fällt mir leicht und mir fällt vieles ein. Meine Beziehung zu meinem Mann, dass die Kinder gesund sind, dass wir in einer tollen Wohnung wohnen etc. Diese Übung lässt mich sehr schnell alles wieder milder und wohlwollender betrachten. Dankbarkeit ist auch eine Form der Wertschätzung."

Es geht uns darum, die Fehlersuche durch eine Suche nach Wertschätzung zu ersetzen.

→ Sich selbst anerkennen
Sich selber wertzuschätzen ist die Grundvoraussetzung, um Wertschätzung von anderen Menschen zu erfahren. Wenn ich mich selber nicht wertschätze, kann ich die Wertschätzung der anderen gar nicht hören oder verstehen.

Lola: „Ich erlebe oft in Pflegeteams, dass die Pflegenden sich nicht wertgeschätzt fühlen. Spreche ich dann mit Vorgesetzten, höre ich sehr oft, dass sie das Gefühl haben, dass sie wertschätzend mit den Mitarbeitern reden, diese Wertschätzung jedoch weder gesehen noch angenommen wird."

Es geht noch tiefer. Erlebe ich selber für mich keine Wertschätzung, dann erzeuge ich auch im Gegenüber nicht das Gefühl der Wertschätzung. Erinnern Sie sich, was wir weiter oben zum Thema Subtext besprochen haben: Das, was ich über mich denke, strahle ich aus und das wird eine Resonanz im Gegenüber erzeugen. Erlebe ich Glück und Selbstwert, erleben auch die anderen an mir diesen Selbstwert. Es wird die Saite im anderen zum Schwingen bringen (siehe auch Spiegelneuronen) und eine Resonanz erzeugen.

Unsere Wahrnehmung ist beeinflusst von unserem momentanen Zustand. Sehe ich mich selber gerade positiv, dann nehme ich auch die Welt um mich herum positiv wahr. Halte ich gerade nicht so viel von mir, dann nehme ich auch vermehrt viele Dinge wahr, die nicht positiv sind.

Sich selbst anerkennen verändert
Launen und schlechte Stimmungen

Lola: „Als ich einmal bei einem Seminar assistieren wollte, habe ich deutlich erlebt, wie sich selbst anerkennen funktioniert. Ich sollte um 10 Uhr morgens beim Seminar erscheinen. Also stand ich rechtzeitig auf, versorgte mein Kind und brachte es zu seinem Vater.

Alles lief nach Plan. Trotzdem setzte ich mich etwas unter Druck, ich wollte ja nicht zu spät kommen. In Gedanken stieg ich in die U-Bahn und stellte nach etlichen Haltestellen fest: *Ich sitze in der falschen U-Bahn* . . . Ich rief also bei der Seminarleitung an und bekam eine entspannte Reaktion. ‚Kein Problem‘ . . . scheinbar wollte ich gerne ein Problem haben. Ich beeilte mich, fuhr mit der nächsten U-Bahn zum Alexanderplatz zurück, eilte zur U2, rannte die Treppen herunter, da stand auch gerade eine U-Bahn, super, dachte ich, sprang rein und stellte nach drei Haltestellen fest: *Ich sitze in der falschen U-Bahn!*

Danach fühlte ich mich wirklich wie ein Versager!

So kam ich dann auch eine Stunde später im Seminarraum an: ‚Hallo, hier ist die, die zu blöd ist zum U-Bahn fahren . . .‘ Ich hatte damit gerechnet, dass man mich nach Hause schickt, da ich in dieser Stimmung sicherlich keine Unterstützung für das Seminar sein konnte.

Die Teamleiterin gab mir jedoch lediglich einen Zettel und einen Stift und den Auftrag, 20 Dinge aufzuschreiben, die ich heute (es war 11 Uhr morgens) getan hatte, für die ich mich anerkenne. Hmm . . . 20 . . . also blieb mir nichts anderes übrig, als mit den Kleinigkeiten anzufangen, ungefähr so:

→ Ich bin pünktlich aufgestanden,

→ ich habe mich geduscht,

→ ich habe mir die Zähne geputzt,

→ ich habe mir was Hübsches zum Anziehen herausgesucht,

→ ich habe mein Kind geweckt,

→ meinem Kind etwas zum Frühstück gemacht usw.

Ich gebe zu, meine letzte Anerkennung war folgende:

→ Ich erkenne mich dafür an, dass ich es wirklich gut hinbekommen habe, zweimal die falsche U-Bahn zu nehmen.

Interessant war der Moment, als ich diese Liste angeschaut habe. Eine Liste mit vielen Kleinigkeiten. Aber plötzlich merkte ich, dass ich gar nicht so eine Versagerin bin, wie ich heute bis dahin gedacht habe. Meine Einstellung bzw. Meinung zu mir selbst drehte sich und damit auch meine Stimmung."

Mit Wertschätzung erzeugen wir einen „neuen Sound"

Wir geben mit einer wertschätzenden Haltung unserem gesprochenen Wort einen wertschätzenden Klang. Das wiederum bringt unter Umständen eine ganz neue Reaktion hervor.

Lola: „Ich trainierte ein Team, in dem ein Teammitglied nicht integriert war. Diese Person hatte mit vier Kollegen richtig Streit und alle anderen dachten nur schlecht über sie. Das Herz dieser Kollegin schlug für die Kinästhetik, eine ganz bestimmte Methode, Menschen zu mobilisieren. Ordnung und Struktur war jedoch eine wirkliche Schwäche von ihr.

Für alle anderen war Kinästhetik naja . . . nicht so wichtig, aber Ordnung und Struktur ... das war wichtig! Man kann sich also vorstellen, wie das ganze Team über diese Kollegin (nennen wir sie Frau Schmidt) geredet hat.

Ich habe über Wochen mit dem Team daran gearbeitet, ein neues Bild von Frau Schmidt zu kreieren. Irgendetwas muss sie doch tun in acht Stunden Dienst, was gut ist, sonst hätte man ihr doch längst kündigen müssen. Die meisten haben sich gewehrt und es wollte ihnen nichts einfallen. Eines Tages sagte eine Kollegin: ‚OK, ich habe mal beobachtet, was sie tut. Mir ist aufgefallen, dass sie immer die Sondennahrung für alle, nicht nur für ihre Patienten herausstellt, das müsste sie nicht. Das ist schon nett.' Daraufhin sagte eine andere Kollegin: ‚OK, jetzt wo Du es sagst, fällt mir ein:

Wenn sie im Dienst ist, muss ich nie schwer heben, sie zeigt mir, wie es leichter geht, oder hilft mir, das ist auch nett!' Und plötzlich fiel den meisten etwas ein, wofür sie die Kollegin anerkennen konnten.

Einige Wochen später kam auch Frau Schmidt zum Teamtraining. Ich fragte sie, wie es läuft.
Sie: ‚Irgendetwas hat sich verändert . . .!'
Ich fragte weiter: ‚Was ist anders geworden?'
Sie: ‚Der Sound ist anders geworden!'
   Und sie berichtete von einer Situation mit einer anwesenden Kollegin. Sie hatte wie immer gearbeitet. Die Patienten, die sie zu versorgen hatte, waren wie immer bestens mobilisiert, aber das Zimmer sah aus wie nach einem Tornado. Die Kollegin ging an dem Zimmer vorbei, bemerkte es und sagt zu ihr: ‚Hey, denk dran: Du musst das Zimmer noch aufräumen!'
   Frau Schmidts erste Reaktion darauf war wie immer etwas grummelig. Sie dachte: ‚Na, das sollte ich doch wohl selber entscheiden, wann ich das Zimmer aufräume.' Doch im nächsten Augenblick, dachte sie aber: ‚Sie hat recht, ich muss hier noch aufräumen', und tat es.

Was sich verändert hatte, war der Sound des gesprochenen Wortes der Kollegin oder mit anderen Worten ausgedrückt, der Subtext.
   Die Kollegin sagte, dass sich ihr Bild von Frau Schmidt verändert hatte. Dadurch, dass sie auch den Wert sehen konnte, den Frau Schmidt in das Team brachte, konnte sie sie auch mehr wertschätzen."
   Interessant ist doch das Ergebnis! Durch eine Veränderung des Subtextes verändert sich der Sound. Das wiederum führt dazu, dass die Kollegin erreichte, was sie erreichen wollte . . .

Menschen spüren oder hören die Wertschätzung und sind dadurch motiviert zu kooperieren.

Es ist nicht immer leicht, wertschätzend mit Menschen zu sein. Je mehr wir den Fokus auf das Negative lenken, desto mehr Negatives sehen wir. Das passiert mit den Geschehnissen um uns herum genauso wie mit den Menschen.

Doch wenn Sie einen Menschen beobachten und sich auf das konzentrieren, was Ihnen nicht gefällt, werden Sie sehr schnell eine große Abneigung spüren. Zum ersten Detail werden sich viele weitere hinzugesellen. Irgendwann wird es Ihnen schwer fallen, etwas Positives zu finden. Daraufhin wird es Ihnen fast unmöglich sein, gelingend mit dieser Person zu kommunizieren. Sie werden Ihre Anliegen und Bedürfnisse nicht transportieren können und Sie werden die Anliegen und Bedürfnisse des anderen nicht verstehen, falsch interpretieren oder sogar als Angriff oder Kritik verstehen.

Deshalb ist es hilfreich, unseren Fokus auf das zu lenken, was Menschen gut machen, was wir anerkennen können. Das öffnet unser Herz der Person gegenüber, und dann können wir noch mehr Positives finden.

Es unterstützt uns, genau zu beobachten, bevor wir Anerkennungen aussprechen. Mit Kleinigkeiten können wir einen Fuß in die Tür zu einer wertschätzenden Haltung bekommen und dann erscheinen die Menschen in einem ganz anderen Licht.

Lola: „Ich kenne eine Teamleiterin aus einem Krankenhaus, die erzählte mir, dass sie massive Schwierigkeiten hatte mit einer Mitarbeiterin. Als sie mit allen möglichen Methoden und Techniken nicht weiterkam, dachte sie sich:

Ok, Du musst die Perspektive ändern! Sie fing an, sich auf das zu konzentrieren, was die Mitarbeiterin gut machte. Sie bemerkte immer mehr Dinge und nach einer Weile stellte sie fest, dass sich ihre Haltung der Mitarbeiterin gegenüber verändert hatte. Nach wieder einer Weile stellte Sie fest, dass sie eine gute Verbindung zu der Mitarbeiterin bekommen hat und heute kann sie Themen mit ihr besprechen, die ein halbes oder ein Jahr vorher sehr schwierig zu besprechen waren."

Was sich veränderte in dieser Geschichte, war die Haltung, die die Führungskraft gegenüber der Mitarbeiterin hatte.

Meisterschaft der Anerkennung –
Anerkennen mit offenem Herzen – bedingungs-
lose Akzeptanz – liebende Begegnungen

Anerkennend können wir auf verschiedenen Ebenen sein. Sie müssen Ihr Herz nicht unbedingt aufmachen, um anerkennend mit Menschen zu sein. Auch eine intellektuelle Anerkennung vermittelt ein angenehmes Gefühl. Doch wenn wir in der Begegnung mit Menschen einen wirklichen Unterschied erleben wollen, kommen wir um eine Herzöffnung nicht herum.

Sie können ein Wertschätzungsamateur sein, das ist schon super! Das macht jede Begegnung mit Ihnen angenehm. Sind Sie allerdings ein Wertschätzungsprofi, dann wird jede Begegnung mit Ihnen zu einem Ereignis. Dann werden Sie unvergesslich.

Wie wird man Wertschätzungsmeister?

Wir kommen mit einem offenen Herzen und bedingungslos liebend auf die Welt. Babys sind Liebe und uneingeschränkt liebenswert. Doch im Laufe unseres Lebens erleben wir Enttäuschungen und Verletzungen und das will keiner. Deshalb bauen wir Mauern um unser Herz. Diese Mauern halten die meisten Schläge ab, aber überwiegend halten Sie die positiven Zuwendungen ab.

Unser Herz wieder zu öffnen, bedeutet, zunächst den Schmerz zu spüren. Das ist nicht angenehm, aber wir suchen diesen Schmerz zum Beispiel in Filmen, die uns berühren. Wenn wir etwas Trauriges sehen und den Tränen nahe sind, ist unser Herz für einen Moment offen.

Wenn das Herz sich öffnet, spüren die Menschen zunächst nur die Traurigkeit, die darin festgehalten war. Deshalb erleben wir oft, dass Menschen Tränen in den Augen haben oder sogar weinen müssen, wenn sie anerkannt werden. Wenn man die Traurigkeit zulässt und akzeptiert, dann kann sie sich auflösen. Unsere Erfahrung ist es, dass man plötzlich interessante Entdeckungen macht und überrascht ist, was alles passiert und wie schnell sich auch ein Schmerz auflösen kann.

Das Herz zu öffnen ist eigentlich sehr simpel. Mia Sage beschreibt es in ihrem Buch »How To Talk To Men, The Geisha And The Gorilla« folgendermaßen:

„Wertschätzung bedeutet mehr als freundlich Worte. Wertschätzung bedeutet den Handlungen anderer Leute erlauben einen Einfluss auf Deinen Geist und Dein Herz haben zu lassen. Du kannst bewusst die Wärme, die Du in Deiner Brust empfindest erweitern und mit den Menschen um Dich herum teilen. Mit Übung kannst Du Dein Herz willentlich öffnen, anstatt auf besondere Umstände zu warten" (*25)

Insofern werden Sie Wertschätzungsmeister, wenn Sie Ihren Blick in jeder Begegnung mit Menschen auf das Positive, Anerkennenswerte legen können und es immer auch aussprechen. Es wird dann zu Ihrer Gewohnheit, nach dem zu suchen, was Sie anerkennen können. Irgendwann ist es sogar völlig egal, ob der andere etwas Positives getan hat oder etwas Negatives. Sie haben die Fähigkeit, den Menschen so anzunehmen und zu akzeptieren, wie er ist und seine Genialität zu sehen.

Damit fällt auch die Anwendung des nächsten Werkzeugs nicht mehr so schwer, dann wird NACHGEBEN leicht, natürlich und gewinnend.

Nichts auf der Welt ist so weich und
nachgiebig wie das Wasser.
Doch bezwingt es das Harte und Starke.
*(Laotse, *26)*

NACHGEBEN

Getting your way by giving in –
Führen durch Nachgeben

Lola: „Ich war seit einigen Monaten vom Vater meines Sohnes getrennt. Ohne ihm Bescheid zu geben waren mein Sohn und ich eine Woche weggefahren. Als wir wieder zu Hause waren, brauchte ich seine Hilfe, also rief ich ihn an. ‚Ich bräuchte mal deine Hilfe', sagte ich am Telefon. Er war sehr aufgebracht und sagte, er würde mir nicht mehr helfen, ich würde ja sowieso nur machen, was ich wolle. Ich hätte ... usw.

In diesem Moment war ich bereit zu kämpfen. Meine ‚Waffen waren geladen, meine Messer gewetzt', doch irgendetwas in mir sagte mir deutlich, es sei jetzt besser, nicht zu kämpfen, irgendetwas in mir schlug mir vor, es dieses eine Mal mit Nachgeben zu versuchen. Also gab ich nach und sagte ihm: ‚Ja, du hast recht! Es ist nicht gut, wenn du nicht weißt, wo dein Kind ist. Das werde ich beim nächsten Mal anders machen!' Dann kam alles bei ihm hoch, alle Verletzungen aus acht Jahren Beziehung, ein Vorwurf nach dem anderen knallte aus dem Telefonhörer. Ich gab nach. Bei jedem Vorwurf, jeder Anklage versetzte ich mich kurz in seine Lage und sagte dann so etwas wie: ‚Ja das kann ich mir vorstellen, dass sich das für dich nicht gut anfühlt!' oder ‚Ja, du hast Recht, das ist ein Fehler, das funktioniert so nicht gut!' usw. Es gab ein paar Punkte, bei denen konnte ich einfach nicht nachgeben, in diesen Momenten sagte ich einfach gar nichts. Das Telefonat dauerte 50 Minuten. Es endete mit den Worten ‚Na klar, helf ich dir, was soll ich denn machen?' Diese Haltung und diese Unterstützung erhalte ich bis heute vom Vater meines Sohnes. Er unterstützt mich, wo er kann. Als ich mit unserem Sohn an einen 600 Kilometer entfernten Ort zu meinem neuen Partner zog, nahm er sich einen Tag Urlaub, um uns beim Packen zu helfen. Das hat mich wirklich beeindruckt!"

Was ist Nachgeben?

Eines vorab gesagt: Nachgeben heißt nicht aufgeben! Das ist die Grundlage, um das Werkzeug NACHGEBEN zu verstehen. Nachgeben heißt, die Kraft, die uns entgegenkommt, zu nutzen, um weiterzukommen.

Nachgeben ist die Fähigkeit, eine Situation durch die Augen des anderen zu betrachten, neue Informationen mit einzubeziehen und die Richtung zu verändern. Wenn wir in der Lage sind, auch nicht Recht haben zu müssen und andere Standpunkte und Meinungen mit einzubeziehen, dann nutzen wir die kollektive Intelligenz. Die Brillanz von anderen Menschen fängt an zusammenzufließen und zu verschmelzen. Das heißt also, dass wir im Nachgeben aufhören, gegen den anderen zu kämpfen.

Menschen folgen Ihnen, wenn Sie nachgiebig sind. Es blieb ihnen gar nichts anderes übrig. Es folgen diejenigen, die Druck ausüben, dahin, wo weniger Druck ist. So nutzen Sie die Wucht der anderen, um voran zu kommen. Das ist ein ganz simpler Prozess. Wenn auf Druck Gegendruck folgt, entsteht Stagnation. Doch wenn wir die Kraft des Druckes nutzen, kommen wir in Bewegung ohne selbst Kraft aufzubringen.

Was passiert, wenn mehrere Menschen im Kreis mit dem Rücken zueinander stehen und alle üben Druck aus, außer einer Person? Wohin bewegt sich die Masse? In die Richtung der nachgebenden Person. Wer führt im weiteren die Richtung der ganzen Gruppe an? Die Person, die nachgibt.

Wenn Sie mit jemandem Rücken an Rücken stehen und beide üben Druck aus, kommt keiner weiter. Gibt eine Person nach, wohin bewegen sich beide? Wer gibt die Richtung vor? Die Person, die nachgibt.

Wenn Sie die Kunst des Nachgebens perfektioniert haben, werden Sie in der Lage sein, Widerstände und Konflikte in einen Tanz zu verwandeln. Sie werden dann nicht weiter mit den Leuten kämpfen, sondern mit ihnen tanzen. Nachgeben macht es möglich, dass mehr als eine Person zufrieden aus einer Situation herausgeht. Es ist das Herz und die Seele der Win-Win-Philosophie. Dabei kämpft nicht jeder um seinen Anteil vom „Kuchen", sondern wir machen es möglich, dass der Kuchen größer wird.

Voraussetzung für das Nachgeben ist, dass wir eine Verbindung haben und unser Ziel kennen. Bezogen auf das obige Beispiel bestand das Ziel nicht darin, Recht zu haben oder die eine Situation zu gewinnen, sondern dass Lolas Sohn eine gute Verbindung zu seinem Vater haben kann.

Was hindert uns im Alltag daran,
das Werkzeug Nachgeben anzuwenden?

Wir sind nicht wirklich vertraut mit dieser Art des Umgangs und der Führung. Was wir kennen, ist hartes Durchgreifen und Kämpfen um Führung und Durchsetzung. Wir sind in einer Kultur der Konkurrenz aufgewachsen und deshalb können wir uns kaum vorstellen, dass uns jemand unterstützen könnte. Also müssen wir eben alleine kämpfen!

Wir denken, dass es nur einen Weg gibt, zu bekommen, was wir wollen – indem wir dafür sorgen, dass die anderen nicht bekommen, was sie wollen. Wir kämpfen immer wieder um den Anteil des „Kuchens", der uns zusteht.

Und diese Stimme sitzt tief in uns! Unserer Erfahrung nach ist es ein Kampf, sich gegen die eigene Gewohnheit durchzusetzen. Wirklich begreifen konnten auch wir es erst in dem Moment, in dem wir es einfach getan haben. Der Glaube, dass wir nur auf dem Weg nach vorn, volle Kraft voraus gegen das Hindernis uns durchsetzen können, macht es uns wirklich schwer, nachgiebig zu sein!

Es ist die tiefe Überzeugung, dass wir Recht haben und dass es wichtig ist, auf unser Recht zu bestehen, die es uns so schwer macht, nicht die alleinige Wahrheit zu kennen. Wir glauben, dass unsere Sicht der Dinge die Wahrheit ist und dass es nur diese eine Wahrheit gibt.

Doch wie wir schon im ersten Teil des Buches beschrieben haben, nehmen wir die Welt und die Menschen durch unseren eigenen Rahmen wahr. Wir nehmen nur wahr, was in unser Weltbild passt.

Was erzeugt das Werkzeug Nachgeben?

Sie kennen sicher die Situation, Sie sind in einer Diskussion gefangen und die Diskussion erreicht einen Punkt, an dem es nicht mehr weitergeht. Beide Diskussionspartner wollen Recht haben und kämpfen um ihr Recht.

Einfacher wird es in solch einer Situation, wenn Sie die Perspektive des Gesprächspartners einnehmen. Dann fällt es Ihnen viel leichter, dem anderen Recht zu geben. „Ja, Sie haben recht! Aus dieser Perspektive habe ich das noch gar nicht betrachtet."

Was passiert beim anderen in diesem Moment? Er hört auf, um sein Recht zu kämpfen, weil Sie es ihm ja schon gegeben haben. Wenn er nicht mehr damit beschäftigt ist, Recht zu haben bzw. um sein Recht zu kämpfen, dann kann er sich öffnen und Ihrer Sicht der Dinge zuhören.

Nachgeben ist immer gepaart mit Wertschätzung. Indem man den anderen nicht „falsch" macht, indem man seinen Standpunkt, seine Perspektive akzeptiert und mehr noch wertschätzt, erzeugt man jenes Wohlwollen, das man braucht, um die Menschen zu gewinnen.

Das Werkzeug Nachgeben transformiert Situationen von Widerstand, Isolation, Neid und Konkurrenz in eine Situation von freudiger Aufregung, Zugehörigkeit und Gemeinschaftsgefühl. Nachgeben verwandelt Kampf in Kooperation. Wenn Sie das Werkzeug anwenden, wird sich die Situation in einer Gruppe, einem Team, mit einem Gesprächspartner verwandeln. Da, wo vorher noch Standpunkte und Meinungen die Menschen getrennt haben, entsteht eine Gemeinschaft, eine Zugehörigkeit und das ist die Grundlage für Teamgeist.

Da, wo Einzelne um ihr Recht und ihren Standpunkt kämpfen, bleiben Diskussionen stecken. Da, wo Menschen in Diskussionen stecken bleiben, entsteht keine Aktion, keine Handlung. Wenn man in einer Diskussion nachgiebig ist, wird man die Energie, die Aufmerksamkeit, die Attraktion in die eigene Richtung ziehen. Es lässt Widerstände schmelzen und als Nachgebender übernimmt man das Steuer. Man gibt die Richtung vor, indem man alle mit einbezieht. Damit sammelt man verschiedene Informationen und ist in der Lage, die Diskussion oder die Gruppe zu navigieren.

Jedes Mal wenn wir versuchen, etwas zu erzwingen, üben wir Druck aus. Menschen reagieren auf diesen Druck in den allermeisten Fällen ganz automatisch mit Gegendruck und Widerstand. Oder man gibt auf und tut, was der andere will. Beides macht wütend. Im Prozess des Nachgebens gehen wir in Aktion, in ein Spiel. Sobald wir jemandem begegnen, sind wir neugierig darauf, was er braucht. Wir erreichen unser Ziel, indem wir dafür sorgen, dass alle anderen kriegen, was sie wollen, sich wünschen.

Es klingt paradox und das ist es auch. Im Nachgeben ist es notwendig, dieses Paradox auszuhalten. Wir wollen das Paradoxon vermeiden, weil es nicht leicht ist, zwei gegensätzliche Standpunkte einfach stehenzulassen. Deshalb versuchen wir, den anderen auf unsere Seite zu ziehen, was wiederum Gegenwehr auslöst.

Wir können es auch andersherum betrachten. Stellen Sie sich vor, jemand unterstützt Sie dabei, Ihre Ziele zu erreichen. Was löst es in Ihnen aus? Wir merken, dass wir sofort anfangen zu überlegen, was wir tun können.

Lola: „Ich traf in London eine Frau, die wusste, welche Kontakte ich in London brauche, um mein Geschäft dort aufzubauen. Als wir uns beim zweiten Mal zum Mittagessen trafen, war sie ganz aufgeregt und berichtete mir, dass Sie kürzlich eine Frau kennengelernt habe, die mir genau die Informationen geben könne, nach denen ich suchte. Ich war überwältigt! Im Verlauf des Gesprächs versuchte ich nun fast automatisch herauszufinden, was ich für sie tun könnte."

Wenn wir Menschen auf ihrem Weg unterstützen, erzeugt es sehr oft Kooperation. Und diese Haltung der Kooperation wiederum macht es uns dann möglich, die Richtung vorzugeben. Also ist es auch von Bedeutung, nicht einfach nur nachzugeben und dafür zu sorgen, dass andere kriegen, was sie wollen. Es ist auch wichtig, die eigenen Ziele nicht aus den Augen zu verlieren und auch die Führung übernehmen und umzusetzen.

Wenn Sie nachgeben, bewegen Sie die Energie der Leute untereinander, manche, die steif sind, die eingefroren sind, werden beweglich. Harte Standpunkte erzeugen Oppositionen und Widerstände.

Wenn Sie einen nachgiebigen Charakter entwickeln, werden Sie zu der Person, mit der jeder sprechen will, mit der jeder zusammenarbeiten will. Die Menschen werden sich auf Sie zu bewegen, sie werden Ihnen folgen. Wenn wir in einem Seminar Teilnehmer haben, die nicht einverstanden sind mit dem, was wir vermitteln, dann fangen wir nicht an zu diskutieren und halten ihre Meinung, ihren Standpunkt für falsch. Wir heißen diesen Blickwinkel auf die Sache willkommen. Wir haben sehr oft die Erfahrung gemacht, dass es gut ist, wenn unsere Arbeit von vielen Standpunkten betrachtet wird.

Dann geschieht es, dass sich die Menschen nicht ausgegrenzt fühlen, weil sie eine andere Meinung haben, sondern oft als Teil des Teams. Sie erleben, dass sie einen wichtigen Beitrag geleistet haben. Als Teil des Teams werden sie nun aufmerksam und wertschätzend weiter das Team voranbringen. Nachgeben erzeugt Teamgeist und ist ein wichtiges Werkzeug für Teams und für die fruchtbare Zusammenarbeit mit Menschen!

Wie tun wir es?

Äußerlich betrachtet tun wir nicht viel. Was wir vor allem verändern, ist die innere Haltung. Der erste Schritt ist, sich bewusst darüber zu sein, dass wir nicht die einzigen sind, die Recht haben. Insofern geben wir nach, wenn wir dem anderen Recht geben. Damit erzeugen wir auch, dass sich der andere anerkennt und geschätzt fühlt. Wir verhindern, dass in diesem Moment ein negatives Gefühl auftritt. Im

Englischen sagen wir: Make them right! Was soviel heißt wie: ihn nicht für falsch erklären, ihn richtig machen. „Du bist richtig, Du bist ok!" Damit erzeugen wir die Bereitschaft zu kooperieren.

An dieser Stelle wird auch wieder deutlich, dass die verschiedenen Werkzeuge oft ineinandergreifen und miteinander wirken. Denn Anerkennung erzeugt Verbindung, Wohlwollen und Vertrauen. Nicht nur beim anderen, auch bei uns selbst.

Indem wir den anderen anerkennen für seinen Mut, seine Meinung zu äußern, dafür, dass er mit seiner Sicht der Dinge die Betrachtung bereichert und hilft, dass alle Aspekte bedacht werden usw., fühlt er sich wertvoll. Neugierig sein und viele Fragen stellen zeigt dem anderen, dass Sie wirklich verstehen wollen, wie er die Sache sieht.

Damit bereiten wir das Feld für Kooperation. Nun können wir den Blick und die Aufmerksamkeit auf unser Ziel und auf die Lösung lenken. Durch die friedliche und kooperative Atmosphäre, die wir nun erzeugt haben, kann etwas Neues entstehen.

Empathie

Empathie ist die Fähigkeit, sich in die Lage einer anderen Person hineinzuversetzen, die Welt aus deren Augen zu sehen. Zu verstehen, wie eine andere Person denkt oder fühlt. Es gibt eine indianische Redensart: „Urteile nie über einen anderen, bevor Du nicht einen Mond lang in seinen Mokassins gegangen bist."

Dazu müssen wir auch in der Lage sein, unseren eigenen Standpunkt, unsere eigene Sicht der Dinge für einen Augenblick verlassen zu können.

Damit Kommunikation gelingen kann, ist Empathie enorm hilfreich, weil wir uns nicht mehr im Richtig-und-falsch-Modus bewegen, sondern aus der Sicht des anderen die Situation betrachten. Damit reagieren wir nicht mehr ungefiltert auf das, was passiert, sondern können die Situation mit einem gewissen Abstand betrachten.

Das Paradoxon umarmen und die Konfusion als hilfreich ansehen

Das bedeutet, dass wir nicht mehr davon ausgehen, dass es richtig oder falsch gibt, sondern dass mehrere Standpunkte tatsächlich verschiedene Blickwinkel sind. Jeder Blickwinkel ist richtig. Das heißt, wir sind in der Lage, die Existenz verschiedener, unter Umständen sich widersprechender Standpunkte auszuhalten. Dabei entsteht Konfusion. Üblicherweise verstehen wir unter Konfusion Chaos, Unordnung. Und das ist auch richtig. Konfusion ist nicht klar, strukturiert und geordnet. Doch Konfusion heißt im ursprünglichen Sinne zusammenfließen. Also verschiedene Standpunkte haben in der Konfusion die Möglichkeit zusammenzufließen und etwas Neues, etwas Drittes entstehen zu lassen.

Gepaart mit dem nächsten Werkzeug SPIELERISCH SEIN wird NACHGEBEN zu einem inspirierenden Tanz.

„Der Mensch spielt nur, wo er in voller Bedeutung des Wortes Mensch ist, und er ist nur da ganz Mensch, wo er spielt."
(Fr. v. Schiller, *27)

PLAYFULNESS – SPIELERISCH SEIN

**Aus dem, was uns in Bewegung setzt,
ein Spiel machen, humorvoll sein**

Stellen Sie sich vor, dass alles, was Sie in Ihrem Alltag zu tun haben, ein Spiel wäre. Sie würden morgens mit der Neugierde eines Kindes aufwachen, das seine Geburtstagsgeschenke erwartet. Sie würden sich auf das Spiel mit Ihren Kollegen oder Kunden an Ihrem Arbeitsplatz freuen, als würden Sie zum Treffen Ihrer liebsten Freunde gehen. Stellen Sie sich vor, Ihre Arbeit hieße nicht Arbeit, sondern Spielplatz für Erwachsene. Hier dürfen Sie richtig Spaß haben!

Stellen Sie sich vor, alles was Ihnen an Negativem oder an Problemen begegnet, könnten Sie als Herausforderung in einem Spiel sehen.
→ Wie beim »Mensch, ärgere Dich nicht«:
  OK, jetzt wurde ich knapp vor meinem Häuschen rausgeschmissen, egal, also wieder von vorne!
→ Oder wie bei »Monopoly«:
  Gehen sie nicht über Los, ziehen Sie keine 400 Euro ein, sondern gehen Sie direkt ins Gefängnis.
Wenn man sich bei einem Gesellschaftsspiel genauso ärgern würde, Angst hätte, verzweifelt wäre, wie im richtigen Leben, dann würde kein Mensch diese Spiele spielen.

Was ist Spiel, was hat das Spiel
mit dem Menschen zu tun?

Spiel gehört zu dem Wesen des menschlichen Seins. Wir sind als Spielende geboren und an Kindern kann man sehen, wie Spiel, der Geist des Spielens den Tag bestimmt. Friedrich von Schiller definiert den Menschen erst durch sein Spiel als Menschen („. . . er ist nur da Mensch, wo er spielt", *27).

Lola: „Mein Sohn hatte vor einiger Zeit in der Schule stark nachgelassen und musste einen großen Berg Aufgaben nacharbeiten. Auf unsere Frage hin, was er denn in den Stunden in der Schule, die ihm zur Erledigung dieser Aufgaben zu Verfügung standen, mache, sagte er, dass er solange darüber nachdenke, welche von den Aufgaben, zu denen er keine Lust habe, er nun machen solle. Das würde dann so lange dauern, bis die Zeit um ist. Zu Hause sorgten wir dafür, dass er die Aufgaben nacharbeitete. Doch er war nur durch eine einzige Sache zu bewegen: Ein Spiel. Wir machten das Spiel: Wie schnell kannst Du eine Seite aus dem Aufgabenheft erledigen? Wir legten eine Zeit fest, zum Beispiel sieben Minuten. Sein Spiel war es, schneller zu sein als sieben Minuten. Immer wenn wir ihm keine Vorgaben machten, kein Spiel aufsetzten, war es für ihn eine unendlich lange Arbeit, die er zu tun hatte."

Ursprünglich waren wir alle glückliche spielende Wesen. Das ist unsere eigentliche Natur: zu spielen, zu genießen, einzutauchen in Spiel und sich dem Spiel hinzugeben.

SPIELERISCH SEIN ist ein wunderbares Werkzeug. Es öffnet die Sinne und die Wahrnehmung. Spielen hat einen großen Effekt auf die Psyche und den Geist des Menschen. Wir sind viel aufmerksamer und wacher, wenn wir spielen, als wenn wir arbeiten und uns anstrengen, um Ergebnisse zu erzielen. Beim Spielen sind alle unsere Energiezentren im Körper aktiv.

→ Wenn wir spielerisch sind, werden wir für andere interessant. Alle fühlen sich vom Spielen und der Schwingung des Spielens angezogen.

→ Menschen fühlen sich eingeladen, miteinbezogen.

→ Das Spiel ist freiwillig, verbunden mit Spaß und Freude, mit strahlenden, funkelnden Augen, mit Lachen und Entspannung. Es macht die Menschen wach und lebendig.

Das Werkzeug SPIELERISCH SEIN ist dem unteren Bereich des Körpers zugeordnet und hat deshalb mit Vergnügen, Lust, Aktion und Bewegung zu. Das Spiel bringt einen immer in Bewegung bzw. in Aktion. Deshalb kann ein Spiel ein ermüdetes Team in Bewegung oder Aktion bringen.

Wenn wir mit dem „Harte-Arbeit-Modus" in die Kommunikation mit anderen Menschen gehen, werden wir uns an Details in Form von Sätzen und Aussagen festbeißen und in der Folge werden wir in eine Art verbales Ping-Pong mit den Menschen geraten. Im unangenehmsten Fall werden wir dann kämpfen auf der verbalen Ebene. Dann folgt Angriff–Verteidigung–Angriff–Verteidigung–Angriff–Verteidigung . . . und am Ende ist jemand verletzt. Mit einem Angriff spielerisch umgehen heißt, das Prinzip vom Aikido anwenden: Die Energie vom Angreifer nutzen und den Angriff in einen Tanz oder ein Spiel verwandeln.

Viele Männer kommunizieren spielerisch. In unseren Gesprächen mit Männern wurde uns immer wieder bestätigt, dass Männer viel weniger auf der Ebene von Informationsaustausch kommunizieren. Frauen tauschen Geschichten aus, um sich kennenzulernen, Männer spielen. Männer machen gerne Sprüche und beobachten die Reaktion des anderen. Wenn es gut läuft, wird das Spiel unendlich ausgeweitet und alle wissen, dass es ein Spiel ist. Keiner nimmt die Sätze bzw. Sprüche persönlich und jeder will am Ende der Sieger sein. Wie beim Mensch-ärgere-Dich-nicht-Spiel. Aus den Reaktionen, die die Männer zeigen, kann der jeweils andere die Person kennenlernen.

Häufig passiert es in der Kommunikation zwischen Männern und Frauen, dass der Mann ein Spielangebot macht und die Frau dies wie eine Attacke versteht und persönlich nimmt und in den Kampf geht oder sich beleidigt zurückzieht.

Heike: „Ich bin schon seit meiner Schulzeit mit drei Männern sehr eng befreundet. Manchmal sehen wir uns noch zu viert und es passiert dann öfters, dass die ‚alten Geschichten' ausgetauscht werden. Ich werde von den dreien dann gerne mit bestimmten Situationen aufgezogen und immer wieder kann ich bei mir beobachten, wie ich es persönlich nehme, mich schlecht fühle und dann aufhöre, das Spiel mitzuspielen. Meine Freunde finden das humorlos und verstehen das nicht. Ich versuche inzwischen, damit entspannter umzugehen, aber mein erster innerer Impuls ist Genervtsein. Für die anderen ist das ein Spiel, das sie auch untereinander spielen. Einer von den dreien hat mir vor kurzem bestätigt, dass er mich gerne absichtlich provoziert, weil ich sofort in Kampfstellung gehe und ihn das amüsiert."

Nicht jede Attacke ist per se als Einladung zu einem Spiel gemeint. Manche sind tatsächlich Attacken. Doch auch hier können wir das Prinzip des Aikido anwenden. Darauf kommen wir später noch einmal zurück.

Wie zeigt sich das Spiel heute, wie ist die Situation in unserer Gesellschaft?

Wir wurden erzogen, mit dem Spielen aufzuhören. Das Spiel wurde uns ausgetrieben. Obwohl als spielender Mensch geboren, ist in unserem Bewusstsein das Spiel sehr stark mit Bestrafung verbunden. Wir sind darin trainiert worden, stillzusitzen und etwas zu machen, das uns keinen Spaß macht. Woran erinnert Sie das? Klar, unsere Schulen! Als wir in die Schule kamen, sagte man uns: Jetzt beginnt der Ernst des Lebens! Nach der Grundschule hieß es wieder: Jetzt beginnt der Ernst des Lebens!

Als wir unseren Abschluss machten, sprach man wieder vom Ernst des Lebens. Das machte uns zu hart arbeitenden Wesen. Wir gehen zur Arbeit. Wenn Kinder Erwachsene imitieren, dann setzen Sie auch diesen ernsten Blick auf und spielen: Ich bin jetzt Mama oder Papa und gehe arbeiten.

Heikes Tochter hat kürzlich sehr empört erzählt, dass ein Mitschüler aus dem Raum geschickt wurde, weil er gelacht hat. Heike wiederum war sehr beruhigt, dass ihre Tochter empört war und das scheinbar für sie noch nicht zur Normalität gehört, bei Lachen weggeschickt zu werden. In unserer eigenen Schulzeit war Lachen ganz selbstverständlich nicht erlaubt. Man hat uns weisgemacht, dass wir ernsthaft und seriös sein müssen, um unser Leben zu bewältigen. Und so ist es nach wie vor an den Arbeitsplätzen. Wenn ein Chef mitbekommt, dass wir uns amüsieren bei der Arbeit, fühlen wir uns ertappt.

Das Wesen des Spiels ist leicht, vergnüglich und lebendig. So begegnen Ihnen auch die Menschen. Mit manchen ist es sehr leicht, in der Kommunikation zu spielen, bei anderen ist es viel schwieriger. Deshalb ist es wichtig, dass Sie zu einer Quelle der spielerischen Vibration werden. Nur so können Sie andere einladen.

Wenn man Kindern sagt: „Geh mal den Abwasch machen, räum auf!", kann man beobachten, wie die Vitalität abnimmt. Im Gegensatz dazu, wenn man dem Kind sagt: „Komm wir gehen eine Runde im See schwimmen!", wird man sehen können, wie die Vitalität zunimmt und das Kind vor Freude strahlt.

Es ist nicht so schwer, spülen ähnlich interessant zu machen wie schwimmen gehen. Es kommt auf den Kontext an, in den wir es setzen. Eine Zeit lang hat Heikes Sohn sehr gerne gespült, wenn er sich dabei nicht beeilen musste. Dann hat er mit dem Milchschäumer immer noch mehr und mehr Schaum gemacht. Es hat oft lange gedauert, aber am Ende war das Geschirr gespült und er hatte seinen Spaß. Leider machen wir den Kindern aber oft vor, wie lästig wir die Hausarbeit finden. Kein Wunder, dass sie dann keine Lust haben, uns dabei zu helfen. Wer macht schon gerne Lästiges!

Was erzeugt das Werkzeug?

Spielerisch sein erzeugt Lebendigkeit und Wachheit. Es hebt die Atmosphäre in eine Ebene, wo Leichtigkeit und Kreativität dominieren. Es macht wach, aktiv und es verbindet die Menschen in einer Aktion. In Liebesbeziehungen kann ein gemeinsames Projekt ein Spiel sein. Etwas, was die Aufmerksamkeit wieder auf das, was zwischen zwei Menschen entsteht, lenkt. Etwas, das wir gemeinsam teilen können.

Mit einer spielerischen Kommunikation können Sie schwierige Situationen, Situationen, die festgefahren sind, unter Umständen lockern und Peinlichkeiten auflösen.

Spielerisch sein fegt die Müdigkeit aus unseren Seelen. Müdigkeit bringt uns dazu, uns hinzulegen, uns auszuruhen, nichts zu tun. Es kann manchmal hilfreich sein, sich auszuruhen, aber wenn jemand kommt und Sie zu einem Spiel einlädt, werden Sie plötzlich wach werden.

In dem Moment, in dem wir ins Spiel gehen, werden wir wach und aufmerksam. Unsere Sinne sind offen und wir sind bereit, auf Situationen zu reagieren. Ein Team im Zustand des Spiels ist wach, aufmerksam und damit effektiv und sicher.

Es sind eigentlich nicht die Aufgaben, die wir ändern müssen, sondern es ist der Kontext, in den wir die Aufgaben, die zu tun sind, setzen. Es ist nicht so, dass wir aufhören produktiv zu sein und nur noch im Sandkasten spielen, sondern es ist der Geist des Spiels, der unsere „Arbeit" durchdringt. Dann kann aufräumen zu einem Spiel werden. Davon wiederum fühlen sich andere angezogen und eingeladen und damit wird es einfacher, weil noch mehr Menschen an dem Spiel teilhaben.

So wie Tom Sawyer, als er etwas angestellt hatte und seine Tante ihn zur Strafe dazu verdonnerte, den Gartenzaun zu streichen. Er fing lustlos an zu streichen und überlegte, wie er sich von dieser Arbeit freikaufen konnte. Schließlich hatte er eine Idee. Er tat so, als ob es die schönste Aufgabe seines Lebens sei, pfeifend pinselte er schwungvoll am Zaun herum und besserte hier und da noch etwas aus. Als andere Kinder vorbeikamen und ihn bedauern wollten, sagte er, dass er nicht zu bedauern sei, da es eine einmalige Gelegenheit sei, den ganzen Zaun alleine zu streichen. Am Ende bezahlten die Kinder mit lauter Geschenken Tom dafür, dass sie den Zaun streichen konnten. Er selbst saß gut gelaunt daneben.

Menschen, die hart arbeiten, schrecken oft ab. Spielerisch sein ist attraktiv, weil es leicht und unbeschwert ist und Menschen zum Mitspielen anzieht. Viele Projekte scheitern, wenn sich das anfängliche Spiel in harte Arbeit verwandelt.

Wie wird man spielerisch?

Ganz einfach – indem Sie spielen, indem sie täglich ein Stück vom Spiel aufsaugen. Sie können es lernen bei denen, die schon gut darin sind, Kinder zum Beispiel. Finden Sie Ihren Spaß in der Bewegung, in der Aktion. Tun sie Unkonventionelles, Unerwartetes, z. B. Grimassen schneiden. Darin steckt der Aspekt, über sich selbst lachen zu können und den Mut zu haben, nicht immer perfekt zu sein.

Lola: „Es gibt täglich Situationen, die wir in ein Spiel umwandeln können. Als ich kürzlich in die Türkei flog, gingen wir in Köln durch die Sicherheitskontrolle. Ich legte mein Handgepäck auf das Band und war bereit, durch den Kontrollrahmen zu gehen. Irgendetwas in mir begann zu spielen und ich machte eine leichte Andeutung einer Grimasse. Der Mann, der das Gepäck kontrollierte, nahm diese unerwartet auf und ‚beantwortete‘ sie. So fing das Spiel an. Wir machten Witze, lachten und ich fragte ihn, ob es immer so witzig sei, dort zu arbeiten. Dann sagte er, er habe festgestellt, dass es ihm besser ginge und die Reisenden auch besser gelaunt seien und er so einfach einen besseren Tag habe."

Das Spiel finden Sie auch, indem Sie ihre Aufmerksamkeit weg von sich selber, auf jemand anderen lenken. Wenn Sie anfangen, andere Menschen zum Strahlen zu bringen, haben Sie deren Tag ein bisschen heller und freundlicher gemacht. Auch das kann ein Spiel sein.

Wir spielen oft das Spiel, wie kann ich Menschen zum Strahlen bringen, zehn in der nächsten Stunde. Mit einem Lächeln, einer Geste oder mit Worten.

Als wir beschlossen, dieses Buch gemeinsam zu schreiben, fingen wir mit einem Spiel an. Jede bringt jeden Tag drei Menschen zum Strahlen und berichtet in einer E-Mail darüber, die bis 24 Uhr im Postfach der anderen sein muss. Wer es vergisst, muss fünf Euro in eine Kasse zahlen. Davon sind wir dann essen gegangen. Was passierte bei diesem Spiel? Wir wurden wach, wir wurden aufmerksam, unsere Energie stieg und wir kreierten einen gemeinsamen Bezugspunkt. Das Spiel schaffte in unserer Zusammenarbeit eine Verbindung.

Je mehr wir uns dem Wesen des Spiels hingeben, indem wir spielen, umso schneller verändern wir auch unsere eigene Vibration. Menschen spüren die Leichtigkeit und Vergnügtheit in Ihrer Vibration und die meisten werden es lieben. Aus dieser Haltung heraus wird auch Ihre Art zu kommunizieren spielerischer, leichter, vergnügter.

Julia Cameron gibt in ihrem Buch »Der Weg des Künstlers« die Aufgabe, regelmäßige Treffs mit dem „inneren Künstler" (*28) zu terminieren. Auch das können Sie tun. Jeden Dienstag um 15 Uhr klingelt mein Handy und dann ist alles, was ich tue, mit Spiel verbunden. Ich strahle alle Menschen um mich herum an.

In der therapeutischen Arbeit gibt es die „Arbeit mit dem inneren Kind". Lassen Sie das innere Kind spielen. Der Teil von Ihnen, der sich mehr oder weniger in einer Ecke unserer Seele versteckt.

Setzen Sie bewusst den Ton des Spiels, wenn Sie in einer Gruppe von Menschen sind. Fangen Sie an, die Leute zum Strahlen zu bringen und sie werden jedem Einzelnen den Tag ein bisschen heller machen. Dann werden Sie sehen, wie einige von denen den Spielball annehmen und wiederum ihrerseits andere zum Strahlen bringen und das Spiel wird sich ausbreiten.

Wenn Sie nicht so geübt darin sind zu spielen, nehmen Sie sich Zeit, der Arbeitskern muss schmelzen, das wird ein bisschen dauern. Vertrauen Sie Ihrem eigenen Tempo. Stück für Stück öffnet sich unsere Wahrnehmung. Wir nehmen am Anfang viel weniger Gelegenheiten wahr zum Spielen. Doch nach einer Weile werden Sie immer mehr Möglichkeiten sehen. Auch wird sich mit der Zeit Ihre Fähigkeit zum Stimmungswechsel stärker ausprägen. Wenn Sie mehr Erfahrung mit dem Werkzeug haben, wird es Ihnen immer leichter fallen, Ihre Aufmerksamkeit auf das Spiel zu lenken und neue Spiele zu kreieren.

Theatern – austheatern – als Befreiung

Die größte Quelle des Spiels ist das Rollenspiel oder Theaterspiel. Damit meinen wir nicht unbedingt jenes, das nur in Theaterräumen stattfindet, mit vorgeschriebenen Texten. Wir können Theater auch im Alltag spielen und damit viel Spiel in das Zusammensein mit anderen Menschen bringen. Das Power-Jammern ist zum Beispiel ein solches Spiel im Alltag. Wir können darin Gefühle austheatern. Zu diesem Zweck heißt das Motto: *Jammer Dich frei!* Das funktioniert nur mit einer Ankündigung, einem Zeitlimit und man muss so jammern, dass es für den anderen unterhaltsam wird. Das heißt, man darf nur 1–2 Minuten jammern und muss richtig viel übertreiben. Darin liegen zwei Vorteile: erstens werden wir die Gefühle, den Druck und die Energie los und zweitens bleiben wir damit in der Leichtigkeit und in der Verbundenheit mit anderen Menschen. Das Spiel ist damit unpersönlich im positiven Sinne und verwickelt den anderen nicht in die Vibration des Jammerns.

Wenn ich in meiner Beziehung Emotionen spüre, wie zum Beispiel Eifersucht oder Beleidigtsein, und ich sie durch Übertreibung spielerisch äußere, kann mein Partner in der Leichtigkeit bleiben. Ich bin dann nicht im Vorwurf, kreiere keinen Konflikt, sondern im besten Fall können wir beide über mein Theater lachen.

Darin ist das Element Humor enthalten. Humor ist, wenn man trotzdem lacht. Im Humor finden wir Abstand zum Leiden. Da wir uns selbst nicht ganz so ernst nehmen, gehen wir auch nicht so tief in die leidvollen Emotionen und damit wird die Situation leichter und spielerischer. Wenn wir Situationen oder Schwierigkeiten mit Humor betrachten, dann wird das Leben leichter und entspannter.

Wie bleiben wir spielerisch in einem hart arbeitenden Gesellschaftsumfeld?

Wenn wir in den Spielmodus gehen, werden wir oft attackiert werden. Sehr viele Leute agieren auf einem anderen Kanal. Die meisten Menschen haben aufgehört zu spielen und arbeiten hart. Einige werden nicht auf Ihr Spiel einsteigen und werden ärgerlich werden. Unbewusst tritt eine Reaktion auf, die etwas zu tun hat mit „Mir wurde verboten zu spielen, deshalb darfst Du auch nicht spielen!" Deshalb kommt Ärger und Wut auf. Geben Sie nach. Gehen sie auf diese Reaktion nicht ein, indem Sie dagegen ankämpfen.

Bleiben Sie im Spiel und „machen Sie diese Leute richtig". Antworten Sie mit: „Ja genau! Sie haben recht, ich sollte nicht so kindisch sein" . . . und dann lächeln sie und bleiben weiter in der Vibration. Oder sagen Sie so etwas wie „. . . Ahh, so habe ich die Sache noch gar nicht gesehen. Das ist ja ein ganz neuer Blickwinkel! Vielen Dank, das bereichert unsere Diskussion. Ich möchte auf jeden Fall, dass die Sache von allen Seiten beleuchtet wird!" Dieser Satz kann die Stimmung deutlich verändern. Das funktioniert nur, wenn wir den Satz auch ehrlich meinen. Ironisch ausgesprochen erzeugt er natürlich eher Aggressionen.

Hier kommt natürlich das Werkzeug NACHGEBEN ins Spiel. Mit Attacken gehen wir um, wie im Aikido. Im Aikido wird die Energie des Angriffs genommen und nicht mit einem Gegenangriff beantwortet. Was passiert bei einem Kampf? Angriff–Verteidigung–Angriff–Verteidigung usw. Am Ende ist jemand verletzt. Im Aikido nimmt man den Angriff, um daraus ein Spiel, einen Tanz zu machen.

Es ist nicht leicht, in einem Umfeld, in dem alle das Spielen verlernt haben, in dieser Haltung oder Vibration zu bleiben. Doch wenn Sie alles, was passiert, als Einladung zum Spiel begreifen, wird es leichter.

Wenn wir in unserer Coachingausbildung 30 Tage lang darin trainiert wurden, eine spielerische Haltung einzunehmen, war es immer schwer, in den Alltag zurückzukommen. In einem Umfeld, in dem alle spielten, war es natürlich viel einfacher, im Spiel zu bleiben. Und dennoch ist ein wesentlicher Bestandteil von „Wenn Du den Raum betrittst, geht die Sonne auf", dass wir zu einer Quelle des Vergnügens, der Freude werden. Mit der spielerischen Vibration bewegen wir Energie, aktivieren wir ein System. Damit befreien wir alle um uns herum aus ihrem Druck und ihrer Dunkelheit.

Kombinieren Sie alle vorherigen Werkzeuge mit dem nächsten: ZUSAMMENARBEIT – KOOPERATION, so erreichen Sie die höchste Stufe in der wertschätzenden Kommunikation.

„Zusammenkommen ist ein Beginn,
Zusammenbleiben ein Fortschritt,
Zusammenarbeiten ein Erfolg."
(Henry Ford, *29)

167

ZUSAMMENARBEIT – KOOPERATION

Zusammen, nicht gegeneinander, zusammen über sich hinauswachsen, 1 + 1 = 11, Together Everbody Achieve More

Lola: „Ich arbeite mit Gruppen von Krankenpflegeschülern. Sie haben die Aufgabe, in zwei Tagen eine Show zu kreieren. Es gibt keine Vorgaben, keine Texte. Alles wird in den zwei Tagen entwickelt. Ich sage den Gruppen immer wieder, dass sie sicherlich keine perfekte Bühnenshow entwickeln werden. Was am Ende die Zuschauer überzeugen wird, wird der Spaß und der Teamgeist sein.

Ich hatte eine Gruppe, die nicht besonders motiviert und auch als Team nicht besonders verbunden war. Ich begann den ersten Tag mit einer Anerkennungsrunde. Jeder hatte sich selber und auch einen aus der Gruppe anzuerkennen für etwas, was die Person oder man selber getan hat. Es ging schleppend voran. Doch plötzlich sagte eine Schülerin: ‚Wow, plötzlich sehe ich, dass die anderen gar nicht so blöd sind, wie ich immer dachte!'

Im weiteren Verlauf hatten die Schüler die Aufgabe, in kleinen Gruppen Lieder umzudichten, Geschichten zu schreiben, Gedichte zu verfassen, alles rund um Themen aus dem Lernstoff. Sie hatten zusätzlich die Aufgabe, den größtmöglichen Spaß zu kreieren und alles, was an Vorschlägen kam, erst einmal anzunehmen. Es war beein-

druckend, wie die Teilnehmer plötzlich kreativ zusammenarbeiten konnten, immensen Spaß entwickelten und wie
viel Intensität in der Gruppe aufkam. Wenn Gruppen eher
fertig waren als die anderen, halfen sie sich gegenseitig
und bejubelten die Ergebnisse. Noch beeindruckender war
der nächste Tag. Da ging es darum, aus dem Material das
Beste auszusuchen und eine gute Show hinzulegen. Wieder fingen wir mit einer Anerkennungsrunde an, die noch
dadurch gesteigert wurde, dass jeder einmal in der Mitte
des Kreises stand und von der ganzen Gruppe Anerkennung bekam. Es entwickelte sich ein so starkes Gefühl von
Vertrauen, dass die Kreativität kaum zu stoppen war. Eine
Idee jagte die nächste, aus einem Text wurde eine Szene
und diese wurde mit unglaublichen Ideen großartig. Sogar
kurz vor der Aufführung kam ein Schüler zu mir und sagte:
‚Ich hab da noch eine Idee, ich könnte das noch in der Art
machen.'

Die Aufführung war der Hit, wirklich eine der Besten.
Warum? Alle legten ihren Fokus auf das Spiel. Das Vertrau-
en, das gewachsen war in den zwei Tagen, war die Grundlage für das gemeinsame Spiel. Selbst diejenigen unter den
Schülern, die sich nicht für kreativ hielten, steuerten wertvolle Beiträge zum Gesamtergebnis bei. Die Strukturierten
gaben Struktur, die Organisatoren ordneten, die Kreativen
ließen ihre Ideen sprudeln. Es war ein Fest! Beim Abschluss-
gespräch schaute ich in strahlende Augen!"

**Was ist gemeint mit Zusammenarbeit
und Kooperation und wie wirkt es?**

Die Zusammenarbeit in dem oben genannten Beispiel war
nur möglich, weil durch Vertrauen Teamgeist entstehen
konnte und weil alle ihre Gegnerschaft und Feindseligkeit
beiseite legten. Die Grundlage dafür wurde durch Aner-

kennung und Wertschätzung gelegt. Das Werkzeug Zusammenarbeit ist das schwerste, und wenn Menschen es
lernen, gelingen Projekte und werden Träume wahr. Wenn
Menschen wirklich zusammenarbeiten, kollaborieren, dann
holen sie das Beste aus sich heraus, machen sich gegenseitig groß und das Team läuft wie eine gut geölte Maschine.

Wenn wir Teams trainieren, hören wir immer wieder,
dass die Arbeit leicht wurde, wenn Mitarbeiter des Teams
kollaborierten, also wirklich zusammen arbeiteten.

Wenn Menschen zusammenarbeiten, wachsen sie über sich
hinaus. Sie tun Dinge, vor denen sie Angst hätten, wenn sie
alleine wären. Sie bewältigen Herausforderungen und werden mutig. Warum? Weil in einem Team Menschen mehr
Selbstvertrauen bekommen als sie allein haben. Und das,
weil sie gebraucht werden und weil sie sich umeinander
kümmern.

In einer Zusammenarbeit ist ja nicht nur mein Wohl von
Bedeutung, sondern auch das der anderen. Kooperation
lässt die Angst überwinden, erzeugt Mut, Verbindlichkeit
und lässt Menschen über sich hinauswachsen.

Kürzlich trafen wir in einem Führungskräfteseminar eine
Frau, die in ihrer Freizeit als Schwimmtrainerin tätig ist.
Sie bereitet Kinder und Jugendliche auf Mannschaftswett-
kämpfe vor. Einmal, so erzählte sie, gab es einen Wett-
kampf. Ein Junge schwamm eine ziemlich gute Zeit, doch
er hatte aus Versehen die falsche Schwimmart benutzt. Als
er aus dem Wasser kam, war er vollkommen frustriert. Das
bedeutete, dass die Mannschaft Strafpunkte bekam und
damit 10 Sekunden im Rückstand war. Das Team hätte
zu recht sauer sein können. Doch diese Kinder hielten zusammen und trösteten ihren Teamkollegen, klopften ihm
auf die Schulter und sagten: „Kein Problem, das holen wir

auf!" Und tatsächlich: alle Kinder aus der Mannschaft gaben ihr Bestes und einige wuchsen sogar über sich hinaus. Die Mannschaft erreichte so sogar noch eine gute Platzierung!

Warum ist es so schwierig zusammenzuarbeiten, zu kooperieren?

Was uns davon abhält, unserem Grundbedürfnis nach Verbundenheit zu folgen, ist Angst, Egozentrik und Konkurrenzdenken. Es fällt uns heutzutage nicht leicht, mit Menschen zusammenzuarbeiten, weil wir erzogen wurden zu misstrauen. Uns wurde gesagt, dass alle korrupt sind und jeder nur auf seinen eigenen Vorteil aus ist.

So dreht sich in unserem Leben sehr oft alles um uns selbst. Wir halten uns für das Zentrum von allem und fragen immer zuerst „Was kommt für mich raus?" Wir sind es nicht gewohnt, für andere Menschen im Service zu sein, wir haben keine Erfahrung damit gemacht, dass wir gewinnen können, indem wir unseren Fokus auf die anderen lenken. Es ist ein Paradoxon, das wir aushalten müssen. Wir werden groß, indem wir andere groß machen. Deshalb ist es für uns schwer, dem anderen zu vertrauen und das gemeinsame Ziel zu sehen.

Wir kommen aus einer Kultur der Kämpfe und des Besiegens. In Deutschland haben wir seit fast 70 Jahren keinen Krieg mehr gehabt. Das ist keine lange Zeit in Anbetracht der ganzen Menschheitsgeschichte. Wir scheinen uns in eine immer friedlichere Richtung zu entwickeln. Es geht immer mehr darum zu kooperieren. Das Miteinander steht immer deutlicher im Vordergrund. In der Wirtschaft gibt es Zusammenschlüsse von Firmen, es ist heute vielmehr Ziel von Verhandlungen, eine Win-Win-Situation zu kreieren.

Der Neurobiologe Gerald Hüther machte in seinem Vortrag vor der Schulleiterkonferenz in Düsseldorf im März 2012 deutlich, dass in Zukunft für die Weiterentwicklung von Systemen, Techniken und Entwicklungen jeder Art, von enormer Bedeutung sein wird, wie groß die Fähigkeit der einzelnen Menschen ist, mit anderen zusammenzuarbeiten. Es wird noch eine Weile brauchen, bis alle diese Erkenntnisse in den Köpfen und Institutionen verankert sind, aber es scheint eine enorme Bewegung in Gang zu sein.

Dennoch sind wir tief in uns immer noch sehr oft in Hab-Acht-Stellung anderen Menschen gegenüber. Und diese Angst können wir weder mit dem Verstand noch mit dem Gefühl ordnen, weil es aus dem Instinkt kommt, aus dem Teil unseres Gehirns, das am ältesten ist, dem Primärhirn. Deshalb ist es tief in uns verankert. Und wir sind auch deshalb so sehr in Hab-acht-Stellung, weil wir gar nicht wissen, wie wir Vertrauenswürdigkeit erkennen können.

Wie kann es gehen?

Alle Werkzeuge, die wir bisher aufgeführt haben, erzeugen Kooperation und Teamgeist. Teamgeist erzeugen wir durch eine entspannte Haltung, durch Anerkennung und ein gemeinsames Spiel. Entsteht Unmut und Stress, geben wir nach. Indem wir den Fokus auf das Ziel legen, dem sich alle verschrieben haben, und an die Brillanz des Einzelnen glauben, kann Zusammenarbeit gelingen. Vertrauen ist dabei ein wichtiger Faktor.

Vertrauen

Um zu kooperieren, brauchen wir Vertrauen. Damit wir mit Menschen zusammenarbeiten wollen, müssen wir das Gefühl haben, dass wir diesen Menschen vertrauen können. Vertrauen entsteht aber vorrangig erst einmal in uns selbst. Wenn wir wenig Selbstvertrauen haben, fällt es uns auch schwer, anderen zu vertrauen und wir sehen eher die Schwierigkeiten und Probleme in der Zusammenarbeit. Dann verzeihen wir anderen auch nicht so leicht Fehler und Versäumnisse und wir werden schneller wütend und verlieren die Lust an der Zusammenarbeit.

Wenn wir aber selbstbewusst sind, sind wir meist mit anderen auch großzügiger und Zusammenarbeit wird einfacher. Natürlich gelingt nicht immer alles in der Zusammenarbeit, kein Projektpartner ist perfekt, genauso wenig wie wir, aber wenn wir selbst verbindlich und zuverlässig sein können, werden wir auch Mitspieler finden, die das auch in ausreichendem Maße sind.

In der Zusammenarbeit in einem Projekt reicht es erst mal aus, wenn wir auf diesem Level Vertrauen haben. Wir müssen einem Projektpartner nicht auf allen Ebenen unseres Lebens vertrauen, damit wir erfolgreich sein können. Das Projekt ist der gemeinsame Boden, auf dem wir uns bewegen. Wenn wir spüren, dass auch der andere für die gemeinsame Aufgabe brennt und sich dafür einsetzt, ist das eine gute Voraussetzung zur Kooperation.

Wenn wir anfangen, diese unterschiedlichen Level von Vertrauen zu akzeptieren, wird es leichter. Wenn wir sehen, dass wir stückweise vertrauen können, bemerken wir, dass wir Vertrauen auch aufbauen und entwickeln können und damit kann dann auch ein Teamgeist wachsen.

Aus diesem Grunde ist es so wichtig, in einer Begegnung mit Menschen dieses Vertrauen so gut es geht zu erzeugen, denn nur so können wir sie für uns gewinnen. Vertrauen erzeugt man durch Wertschätzung, Freundlichkeit und Wohlwollen. Menschen wollen eigentlich mit anderen Menschen kooperieren. Es ist ein tiefer Wunsch, nicht alleine zu sein.

Erweiterter Sinn von Kooperation

Es gibt noch einen erweiterten Sinn des Werkzeugs Kooperation. Und wir sind uns bewusst, dass das eine wirkliche
Herausforderung für uns alle ist! In diesem Sinne nehmen
wir auch bei Menschen, die sich als unsere Gegner zeigen,
eine Haltung von Kooperation ein. Wir können mit dem
ganzen System, was um uns herum existiert, diese Kooperation eingehen. Unsere Gegner, die zu uns in Opposition
stehen, gehören zu diesem System und wir können an diesen Gegnerschaften wachsen, wenn wir sie nicht zu Fein-
den machen. Unsere Gegner und wir sind Teil desselben
Spiels.

Dazu müssen wir uns im Klaren darüber sein, dass wir
uns immer in Systemen bewegen. Alle Menschen, mit denen wir in der ein oder anderen Weise in Kontakt sind, mit
denen wir Berührungspunkte haben, gehören zu diesem
System. Alle haben somit auch Einfluss auf die Energie
in unserem System. Man kann sich das vorstellen wie ein
Netzwerk von Schwingungen.

Deshalb gehören auch jene Menschen zu unserem
System, die in Opposition zu uns sind. Mit jedem „Teil"
des Systems können wir Erfahrungen machen. Mit den Un-
terstützern ist das nicht so schwierig, doch gerade unsere
Gegner zeigen völlig andere Standpunkte und Meinungen.
Damit vervollständigen sie das Gesamtbild. Deshalb sind
Sie nicht nur gegen uns, sondern im Sinne der Kooperation
können wir ihnen die Anerkennung geben, indem wir ihre
ganz andere Sicht der Dinge berücksichtigen.

Das heißt, indem wir sie nicht wegstoßen und sagen:
„Nein, Du hast Unrecht, das stimmt so nicht!" könnten wir
sagen: „Oh vielen Dank, ich bin so froh, dass Sie auch diese Sichtweise mit einbringen. Ich möchte, dass wir hier ein
komplettes Bild der Sache bekommen!"

Was passieren wird: Die Person wird sich gut fühlen und sie wird sich als Teil des Teams sehen und das Gefühl haben, ein wichtiger Beitrag zu sein. Wenn sich jemand wichtig und wertgeschätzt fühlt, wird er den weiteren Verlauf konzentriert verfolgen. Er wird bestrebt sein, die Sache voranzutreiben, anstatt um sein Recht zu kämpfen und zu sabotieren.

Glaube

Wir können dieses Vertrauen nur aufrechterhalten, indem wir an den anderen glauben, im tiefen Glauben an die menschliche Natur, den menschlichen Geist, der kooperieren will. Glaube ist hier nicht im religiösen Sinne gemeint. Wir meinen nicht den Glauben an eine Religion oder an Dogmen, sondern an die Brillanz von Menschen. Diese Brillanz wird sichtbar, wenn wir nach dem suchen, was jeder beitragen kann: Welche Fähigkeit dieser Person ist hilfreich für uns alle?

Wir sind der Überzeugung, dass in jedem Menschen ein Genie oder eine Brillanz steckt. Auch Menschen, die in unserer Gesellschaft nicht brillant erscheinen. Diese Menschen haben einfach nicht gelernt, ihre Brillanz fruchtbringend einzusetzen. Diese Menschen werden Teil des Teams, wenn sie sich einbringen können. Das können sie nur, wenn es jemanden gibt, der daran glaubt, dass sie hilfreich für das Team sind. Dann können auch die, die nicht in die Norm passen mit ihrer Unnormalität, mit ihrer Verrücktheit ihren Beitrag leisten. Wirkliche Brillanz erscheint oft jenseits der Normen und ist immer sehr individuell!

In diesem Sinne konzentrieren wir uns darauf, was die Menschen zum Strahlen bringt. Wie wir bereits beim Werkzeug Beobachten erwähnt haben, beobachten wir die Menschen im Sinne von: Geht die Energie hoch oder runter?

Strahlen die Menschen oder wirken sie ausgelöscht? Wir sagen im Coaching: Gehen die Lichter an oder aus? Unsere Aktion zielt darauf ab, unser Gegenüber zum Strahlen zu bringen.

Gerade wenn man in irgendeiner Form mit Menschen arbeitet, sei es als Leitender, Lehrender oder Betreuender, kann man mit dem Glauben an jemanden wirkliche Wunder vollbringen. Die „Erfolge" dabei sind sehr unterschiedlich, doch es erzeugt immer Veränderung, Wandel und Wachstum und ein menschlicheres, respektvolleres und wertschätzenderes Miteinander.

Sicher gibt es Situationen, in denen es schwierig und bisweilen auch unmöglich ist, diese Haltung aufrechtzuhalten. Wir haben viele Menschen erlebt, in unserer Arbeit als Coach oder in unserer eigenen Coachingausbildung, die von einem „normalen" Standpunkt aus gesehen so etwas wie hoffnungslose Fälle waren. Doch weil es einen Coach gab, der beharrlich und diszipliniert an uns oder an andere geglaubt hat, konnten Menschen über sich hinauswachsen.

Auch wir beide haben uns vor einigen Jahren nicht vorstellen können, ein Leben zu führen, wie wir es heute tun. Doch es gab einen oder mehrere Menschen, die an uns geglaubt haben und deshalb konnten wir die Kraft, die Energie und den Mut aufbringen, unseren Weg zu gehen.

Disziplin

Ein weiterer Aspekt, damit eine Kooperation gelingen kann, ist Disziplin. Und schon bei der Betrachtung von Glauben schimmerte dieser Aspekt durch. Denn im Glauben an jemanden (damit ist Glaube nicht im religiösen Sinne gemeint), sind wir manchmal täglich gefordert, diszipliniert zu bleiben und uns nicht von dem ablenken zu lassen, was uns das Gegenteil „beweist". Disziplin erzeugt Klarheit, Fokus, Stärke und last but not least Ergebnisse. In unserem Sinne bedeutet Disziplin, Vergnügen und Freude im Miteinander aufrecht zu halten. Es ist diese Art von Disziplin, von der wir auch schon im ersten Teil des Buches gesprochen haben. Sich nicht in die Strömungen der anderen fallen zu lassen.

Wenn wir Disziplin hören, denken wir schnell an Arbeit, an Torturen, an etwas Anstrengendes. Ein Sportler bringt keine Disziplin auf, weil er daran denkt, wie anstrengend der 100-Meter-Lauf ist, sondern weil er sich damit beschäftigt, wie großartig es wäre zu gewinnen.

Jeder hat schon einmal die Erfahrung gemacht, wie befriedigend es ist, wenn man ein Ziel erreicht hat. Es ist egal, welches Beispiel wir aufführen: eine Diät, eine Fastenkur, ein Bewegungsprogramm, joggen gehen, Yoga machen, jeden Tag an einem Projekt arbeiten, ein Musikinstrument lernen usw. Sie können die Liste an dieser Stelle mit Aktionen, die durch Disziplin erfolgreich wurden, beliebig ergänzen.

In unserem Zusammenhang ist Disziplin gemeint als die Disziplin, die Wertschätzung und das Spielerische aufrechtzuerhalten, in spielender Weise diszipliniert zu kooperieren und in der positiven Haltung zu bleiben.

Wenn wir es schaffen, eine kooperative Haltung einzunehmen, und mit dem Glauben an die Brillanz in den Menschen konsequent mit allen Menschen umzugehen, denen wir begegnen, dann erleben wir, wie erlösend der Kontakt mit Menschen sein kann. Wenn sich in einer Gruppe von Menschen Zusammenarbeit / Kooperation breitmacht, dann erleben wir, wie erlösend und befreiend die menschliche Begegnung sein kann. Wie nah und herzlich man mit Menschen sein kann, ohne sich selber zu verlieren.

Zusammenarbeit und Spiel

Zusammenarbeit wird noch intensiver, wenn sie kombiniert wird mit einem Spiel. Die höchste Intensität wird erreicht, wenn ein Team spielerisch kooperiert und dabei ein Ziel verfolgt. Wenn sich alle Teammitglieder mit hoher Energie dem Spiel und dem Ziel hingeben, entsteht Teamgeist. Dann arbeiten Teams wie eine gut geölte Maschine.

Jeder von uns hat es schon einmal erlebt, wie es sich anfühlt, wenn Kooperation mit anderen gelingt: Wenn Arbeiten in einer gewissen Geschwindigkeit erledigt werden, wenn jeder schaut, was er noch tun kann, damit das Ziel erreicht werden kann. Dann kann auch jeder mit seinen Fähigkeiten und Talenten ein Beitrag sein um das Ziel zu erreichen.

In der Konzentration auf das Ziel weichen Meinungen über Kollegen. Dann ist nicht mehr wichtig, wie etwas gesagt wird. Solche Erfahrungen machen Menschen im Gesundheitswesen in Notfallsituationen, solche Erfahrungen machen Menschen, wenn die Zeit knapp ist usw.

Wir kommen zu solchen Situationen nur, indem wir uns gegenseitig akzeptieren und eher nach den Fähigkeiten, Möglichkeiten und Talenten schauen als nach Fehlern oder Schwächen. Dann kann Anerkennung die Energie enorm steigern und jedem Einzelnen sofort ein Feedback geben, ob seine Aktionen funktionieren oder nicht, also in dem Sinne das ganze Team näher zum Ziel bringen.

Dabei entsteht im besten Fall eine spielerische Leichtigkeit, die alle mitzieht und durch Humor und Spaß alle beflügelt.

Zusammenarbeit in der Praxis:
Wir schreiben dieses Buch

Unser bislang intensivstes Erlebnis zum Thema Zusammenarbeit war die Arbeit an diesem Buch. Als wir beschlossen,
dieses Buch gemeinsam zu schreiben, standen wir beide an
sehr unterschiedlichen Stellen.

Lola: „Ich hatte schon viel recherchiert und auch mit dem
Schreiben begonnen. Jedoch hatte ich viele Schreibpausen
und merkte, dass sich etwas verändern musste, wenn ich
dieses Buch jemals fertigstellen wollte! Ich war grundsätzlich neugierig auf die Arbeit in einem Team, weil ich aus
meiner Zeit mit dem Kindertheater die Erfahrung gemacht
hatte, dass kreative Arbeit im Team sehr beflügeln kann.
Sicher war da auch die andere Stimme in meinem Kopf,
sollte ich die ganzen Ergebnisse, die ich schon hatte, nun
mit jemandem teilen? Doch vor diesen Gedanken schob
sich recht schnell eine anderer:
Together **E**verybody **A**chive **M**ore!

Heike: „Ich spielte schon lange mit dem Gedanken, ein
Buch über Kommunikation zu schreiben, konnte mich aber
nie so richtig dazu entschließen. Die Vorstellung, das gemeinsam zu machen, motivierte mich ungemein. Es waren
viele Hürden zu bewältigen in unserer Zusammenarbeit.
Oft hatte ich Disziplinprobleme, doch Lola unterstützte
mich immer wieder dabei, einen Weg oder ein neues Spiel
zu finden, womit es leichter wurde, die Aufgaben zu erledigen. Das konsequente Dranbleiben und die Verbindlichkeit
waren die Hauptschwierigkeiten in den zwei Jahren, in denen wir an dem Buch arbeiteten."
Inhaltlich hatten wir wenige Diskussionspunkte. Im
zweiten Jahr, nachdem wir schon einige Krisen überstan-

179

den hatten, wurde es leichter. Wir wussten dann, dass wir uns grundsätzlich aufeinander verlassen konnten, und ein ganz wichtiger Punkt war die große Entschiedenheit von uns beiden zu diesem Projekt. Wir haben es nicht ein Mal in Frage gestellt, dass wir das zusammen fertig machen.

Heike: „ Ich stellte irgendwann fest, dass es für mich einfacher war, wenn ich mir klarmachte, dass ich das Projekt nicht nur für mich, sondern auch für Lola voranbringen möchte. Immer wenn ich einen Hänger hatte, habe ich mich gefragt, was ich tun kann, damit es Lola gut geht. Die Antwort war dann meistens: Weiterarbeiten!"

Lola: „Am Anfang habe ich oft einen enormen Druck ausgeübt, wenn Heike wieder mit der Disziplin kämpfte. Ich habe wirklich alles probiert. Ruhig bleiben, nichts sagen und hoffen, dass es besser würde. Das machte mich dann wütend und das führte dann häufiger zu Disputen. Druck ausüben und Heike klar machen, dass sie jetzt mal etwas machen soll, führte bei ihr zu Widerstand, Sich-falsch-Fühlen und Erklärungen. Diese Erklärungen, wiederum lösten bei mir so oft das Gefühl aus, dass alles andere wichtig sei, nur unser Buch nicht … usw. Im Sommer 2012 beschloss ich, mich nicht mehr auf Heike und ihre ‚Fehler' zu konzentrieren, sondern auf das Buch. Dabei machte ich die grandiose Entdeckung, dass meine entspannte, vergnügte Aktion den Druck auflöste und plötzlich wurde die Zusammenarbeit leichter und effektiver."

Heike: „Was ich ganz persönlich, unabhängig von der Theorie, deutlich über Kooperation erfahren habe, ist:
→ Das gemeinsame Ziel und Spiel.
→ Wenn etwas nicht funktioniert, sachlich zu bleiben und sich immer auf das Ziel mit der Frage zu fokussieren:

→ ‚Was braucht es, damit das Buch fertig wird?' und nicht: ‚Was habe ich oder hat Lola falsch gemacht?'

→ Immer im Blick zu haben, was die andere braucht, lässt uns Abstand nehmen von den eigenen Befindlichkeiten.

Für mich war die Zusammenarbeit ungemein bereichernd und ich bin Lola unendlich dankbar, dass sie zusammen mit mir durchgehalten hat und wir auch so viel Spaß miteinander hatten. Ich habe noch nie bei einem Projekt so viel gelernt, sowohl, was Zusammenarbeit bedeutet als auch inhaltlich, beim Auseinandersetzen mit dem Thema Kommunikation. Alleine hätte ich nie so ein Buch schreiben können und vor allem hätte ich keinen Spaß gehabt."

Lola: „Manchmal hatte ich die Vorstellung, dass ich allein viel schneller vorankommen würde. Doch im Nachhinein ist mir klar, dass durch die Tatsache, dass Heike da war und wir eine Abmachung getroffen hatten, ich erst wirklich dem Vorhaben Buch gegenüber verbindlich wurde. Es ist leicht, Fehler beim anderen zu finden und die Schuld abzuschieben. Doch etwas zu verändern, so, dass der andere sich gut fühlt und ebenfalls in Aktion geht, ist eine wirkliche Herausforderung.

Mich fasziniert, dass man einen Kooperationspartner viel leichter motivieren kann, indem man Verantwortung übernimmt, sich auf das Ziel konzentriert und in Aktion geht. Wahrscheinlich hätte ich dieses Buch nie fertig bekommen, wenn ich nicht Heike gehabt hätte, der ich Entwürfe schicken und die gute grobe Skizzen weiterentwickeln und neue Ideen hinzufügen konnte. Ich bin Heike dankbar dafür, dass sie sich immer wieder begeistern ließ und niemals an unserem Ziel gezweifelt hat."

Die größte Freude bei diesem Projekt erlebten wir jedoch in der gemeinsamen Beschäftigung mit den inhaltlichen Aspekten. Die Momente, in denen wir in Rollenspielen am Telefon oder auf Heikes Balkon Themen und Inhalten auf den Grund gingen. Wenn wieder eine von uns mit neuen Gedankengängen oder kritischen Fragen daherkam und Geschwindigkeit und Bewegung ins Projekt brachte, dann waren wir beide inspiriert und beschwingt.

„Nach dem Spiel ist vor dem Spiel"

Unser Buch ist geschrieben und unsere Zusammenarbeit mit diesem Projekt wird neue Formen annehmen. Wir werden uns neue Ziele setzen und neuen Herausforderungen begegnen. Erfahrungen aus dieser Kooperation werden uns bei jeder weiteren Kooperation helfen und vielleicht werden wir auch noch ganz andere machen. Wir freuen uns schon auf das Abenteuer, dieses Buch in die Welt zu bringen und Menschen darin zu unterstützen, wertschätzende Begegnungen mit anderen zu gestalten!

„WENN DU DEN RAUM BETRITTST, GEHT DIE SONNE AUF!"

Sie haben jetzt alle notwendigen Werkzeuge und viele Beispiele aus dem praktischen Leben, um dieses Ziel zu erreichen.

Noch wird fast überall gerne gemeckert, genörgelt,
kritisiert, gejammert und sich gegenseitig die Laune ver-
dorben. Das macht nichts. Sie wissen jetzt, wie man Begegnungen mit Menschen gestalten kann, dass sie zu einem
Erlebnis werden. Für viele Dinge sind Sie nun sensibilisiert,
manches wird Ihnen jetzt auffallen, manches wird Ihnen
viele Male auffallen, bevor Sie es verändern können. Nicht
immer wählen wir sofort das richtige Werkzeug. Mal wird
es gelingen, mal nicht.

In Seminaren werden wir oft gefragt: „Muss ich denn
alle Menschen mögen?" Müssen muss hier niemand! Aber
vielleicht hilft Ihnen folgende Geschichte:

Bill Clinton erzählte in der Sondersitzung der UN-Voll-
versammlung anlässlich des 95. Geburtstags von Nelson
Mandela folgende Begebenheit: Er traf Nelson Mandela
und fragte ihn nach der Situation, als er das Gefängnis ver-
ließ: „Haben Sie die Gefängniswärter nicht gehasst, als Sie
an Ihnen vorbei in die Freiheit gingen?" Nelson Mandela
antwortete darauf, dass er sie schon für einen Moment gehasst habe, aber dann beschlossen habe, dass er frei sein
wollte. Diese Menschen zu hassen, wäre eine Fortführung
des Gefängnisses in der Freiheit.

Nelson Mandela hatte beschlossen, frei zu sein, deshalb war er zu Unfassbarem fähig, deshalb konnte er das Wunder vollbringen, sein Volk zu versöhnen. So kann jeder von uns ein Stück weit freier sein. Vielleicht wollen Sie nicht gerade ein ganzes Volk in die Freiheit führen, vielleicht wollen Sie auch nicht verfeindete Gruppen zur Kooperation bringen. Doch jeder von uns kann im direkten Kontakt mit den Menschen, denen wir im Alltag begegnen, die Begegnung wertschätzend, leichter und friedvoller gestalten.

Christo Brand, ein ehemaliger Gefängnisaufseher Mandelas, beschrieb diesen folgendermaßen: „Mandela kannte die Ängste der Weißen … Er verstand es, die Weißen zu beruhigen und auf diese Weise die Versöhnung einzuleiten. Er schaffte es immer, dass sich die Menschen um ihn herum wohlfühlten – selbst als er Präsident war." (*30)

Wenn wir beschließen, frei zu sein und nicht am „Krieg" oder an der Feindschaft mit anderen festhalten, wenn wir es schaffen, dass Menschen sich mit uns wohlfühlen, dann können wir unser Herz öffnen und souverän den negativen Schwingungen begegnen, sie transformieren und neue, zum Teil wirklich überraschende Erfahrungen machen. Dann werden sich Menschen in unserer Umgebung wohlfühlen, wie sich Menschen in Mandelas Umgebung wohlgefühlt haben!

Dazu helfen kann Ihnen alles, was in diesem Buch steht. Doch alles, was wir in diesem Buch beschrieben haben, ist so, wie es hier steht, eine schöne Theorie! Gefällt sie Ihnen, unsere Theorie? Die größte Wertschätzung, die Sie uns geben können, ist, aus der Theorie eine Praxis zu machen, die Werkzeuge im echten Leben anzuwenden. Wenn Sie das tun und eines Tages so wie wir feststellen: Das funktioniert! Erst dann werden wir Freudentänze machen. Dann werden wir wissen, dass dieses Buch seinen Zweck erfüllt hat!

Coaching ist spielen und spielen ist nicht im Kopf, genauso verhält es sich mit der Kommunikation. Jetzt haben Sie das Buch gelesen und es mit dem Verstand aufgenommen.

Um wirklich etwas zu verändern, braucht es jedoch das Erfahren durch Übung und Feedback. Oder wie unsere Kollegin Regina Swoboda in ihrem Buch »Die Männerflüsterin« schreibt:

„Echtes Lernen geschieht jedoch durch Tun, das heißt durch Ausprobieren, Spielen und Erfahren. Denn das, was wir über den Körper und in Aktion erfahren, das vergessen wir nicht so leicht, das geht tiefer als das Wissen über den Kopf. Daher ersetzt das Lesen eines Buches nie die persönliche Erfahrung!" (*31)

Wenn Sie zum Verstehen noch die Erfahrung hinzufügen möchten, finden Sie hier mehr zu unseren Angeboten:

→ www.wenn-du-den-raum-betrittst.de

→ www.facebook/wenn-du-den-raum-betrittst

→ www.heikehoch.de

→ www.amekor.de

„Wenn Du den Raum betrittst, geht die Sonne auf" gibt es auch als Seminar. Oder buchen Sie eine kostenlose Schnupper-Coachingsitzung (30 min).

Wir freuen uns auf Sie!
Lola Maria Amekor und Heike Hoch

DANKSAGUNG

Lola:

Ich danke erst einmal Heike, dass sie immer an unser Buch geglaubt hat und an vielen Stellen für die Verständlichkeit gekämpft hat. Ich danke meinem Partner Markus Liebrecht, der mir unermüdlich Deadlines abgerungen hat und so aus dem Hintergrund für die Vollendung dieses Werkes gesorgt hat.

Ich danke meinem Sohn Frederick, der viele Male auf meine Aufmerksamkeit verzichten musste.

Ich danke meinem Mentor Martin Sage, der meine Möglichkeiten sieht, mich mit seiner Wertschätzung vorantreibt und dafür, dass er sein Wissen so großzügig zur Verfügung stellt.

Heike:

Ich möchte mich natürlich erst mal bei Lola bedanken für die Zusammenarbeit am Buch, dass sie mit mir durchgehalten und ausgehalten hat und mit ihrem Fokus dafür gesorgt hat, dass unser Buch fertig und auch immer besser wurde.

Ich bin sehr dankbar, dass ich Martin Sage begegnet bin, ohne den es dieses Projekt Buch für mich nicht gegeben hätte, der mir so viel beigebracht hat und an mich glaubt.

Außerdem danke ich meinem Mann Nikolaus, der mich stets heldenhaft unterstützt. Meinen Kindern Helena und Jakob danke ich, dass sie mir mit ihrem Feedback in Worten und Taten gut gezeigt haben, was an meiner Kommunikation funktioniert und was nicht.

Gemeinsam danken wir Stephan Hoffmann herzlich, dass er seine wunderbaren Figuren für unser Buch gezeichnet hat. Nikolaus Hoffmann danken wir, dass er unserem Buch Form und Gestaltung gegeben hat.

QUELLEN:

*01 Gerald Hüther: Was wir sind und was wir sein könnten. 4. Aufl., Fischer Verlag, 2011, S. 107

*02 Martin Sage: Lebe Deinen Traum. Originalausgabe, Knauer Verlag, 2004, S. 39.

*03 http://de.wikipedia.org/wiki/Samy_Molcho

*04 Don Miguel Ruiz: Die Vier Versprechen. 5.Aufl., Ullstein Verlag, 2010, S. 38.

*05 http://de.wikipedia.org/wiki/Paul_Watzlawick#. E2.80.9EMan_kann_nicht_nicht_kommunizieren.21. E2.80.9C

*06 Jack Canfield: Kompass für die Seele. Goldmann Verlag, 2005.

*07 Eckart von Hirschhausen: Glück kommt selten allein! Hörbuch, 2009.

*08 Stefan Klein: Die Glücksformel, 9. Auflage, Rowohlt Verlag, 2002, S. 237

*09 http://www.zitate.de/autor/Carnegie,+Dale

*10 Interview mit Bernhard Hiller, Dezember 2011, http://www.youtube.com/watch?v=_Gd02AyjIiU

*11 http://www.auditorium-netzwerk.de/AutorInnen/A-B-C/Buentig-Wolf/Buentig-Wolf-Leiden-ist-leichter-als-Loesen::774.html

*12 Antonio R. Damasio: Der Spinoza-Effekt. List Verlag, 2003, S. 67.

*13 dito, S. 76.

*14 dito, S. 103.

*15 Joachim Bauer: Warum ich fühle, wie Du fühlst. 12.Aufl., Heyne Verlag, 2006.

*16 dito, S.172.

*17 Sigal G. Barsade: The Ripple Effect: Emotional Contagion and Its Influence on Group Behavior. Yale University.

*18 Don Miguel Ruiz: Die Vier Versprechen. 5.Aufl., Ullstein Verlag, 2010

*19 http://de.wikiquote.org/wiki/Antiphon_von_Rhamnus

*20 http://zitate.net/wilhelm%20von%20humboldt.html

*21 Jiddu Krishnamurti: Das Licht in Dir. Econ, 2000, S. 92

*22 http://ods.luer.de/2009/05/01/essenz-der-verpflichtung-von-goethe/

*23 Swami Sivananda Radha: Kundalini Praxis. Bauer Verlag, 1992, S. 63

*24 http://www.zitate.de/autor/Schwab,+Charles+M./

*25 Mia Sage: How to talk to men: The Geisha and the Gorilla. Miamar Productions, 2012, S. 260f. (Übersetzung durch die Autorinnen).

*26 Laotse: Tao Te King. (Übersetzt von Zensho W. Kopp), Schirner Verlag, 2005, Kap. 78.

*27 http://de.wikipedia.org/wiki/%C3%9Cber_die_%C3%A4sthetische_Erziehung_des_Menschen#11._bis_16._Brief

*28 Julia Cameron: Der Weg des Künstlers. Neuausgabe, Knaur TB, 2009, S. 47.

*29 http://zitate.net/henry%20ford:2.html

*30 Interview mit Christo Brand: http://www.profil.at/articles/1325/560/360385/suedafrika-nelson-mandela-hat

*31 Regina Swoboda: Die Männerflüsterin. Kösel Verlag, 2009, S. 268.

Lola Maria Amekor

geboren 1970 am Niederrhein, lebt in der Nähe von Köln. In ihrer Arbeit als Coach und Trainerin fließen die Erfahrungen aus ihren Berufen und Tätigkeiten als Krankenschwester, Kunsttherapeutin, Schauspielerin, Regisseurin, Kommunikationstrainerin und Businesscoach zusammen.

Seit 2007 leitet sie Seminare und Trainings im Gesundheitsbereich, in vielfältigen Unternehmen und mit Einzelpersonen. Die Themenschwerpunkte sind „Erfolgreich kommunizieren mit Männern", „Mit Begeisterung gegen Stress und Burn out", Teamtrainings, „Begeistert pflegen" und „Wie ich mich gut verkaufe und Menschen gewinne!"

Mit schauspielerischem Können und einer Faszination für das Spielen entwickelte sie eine individuelle Trainingsform.

Heike Hoch

geboren 1964 im Schwarzwald, lebt in Berlin. Ihrer vieljährigen Tätigkeit als Architektin schloss sie eine Ausbildung zum Business Coach an. Seit fast zehn Jahren arbeitet sie als Coach und Trainerin im Bundesgebiet und in der Schweiz. Ein Schwerpunkt ihrer Arbeit ist die Unterstützung beim Erkennen von Talenten, Leidenschaften und Lebenszielen („What To Do With The Rest Of Your Life?") und den ersten Umsetzungsschritten („Business Incubator").

Als Kommunikationstrainerin fasziniert sie das Thema der wertschätzenden und gelingenden Kommunikation. Die meisten Kunden kennen sie aus ihrem Training „How To Talk To Men", einem Weg die Sprache des anderen Geschlechts zu verstehen und zu echter Kooperation zu gelangen.